O PODER do CHŌWA

AKEMI TANAKA

O PODER do CHŌWA

tradução
SORAYA IMON DE OLIVEIRA

SÃO PAULO, 2021

O poder do chōwa

The Power of Chōwa

Copyright © 2019 by Akemi Tanaka
Publicado pela primeira vez em 2019 por HEADLINE HOME
Um selo da HEADLINE PUBLISHING GROUP

Copyright © 2021 by Novo Século Editora Ltda.

EDITOR: Luiz Vasconcelos
COORDENAÇÃO EDITORIAL: Nair Ferraz
TRADUÇÃO: Soraya Imon de Oliveira
PREPARAÇÃO: Fernanda Marão
REVISÃO: Daniela Georgeto
DIAGRAMAÇÃO ADAPTADA DO ORIGINAL: Equipe Novo Século
CAPA: Luis Antonio Contin Junior

Texto de acordo com as normas do Novo Acordo Ortográfico da
Língua Portuguesa (1990), em vigor desde 1º de janeiro de 2009.

Dados Internacionais de Catalogação na Publicação (CIP)
Angélica Ilacqua CRB-8/7057

Tanaka, Akemi

O poder do chōwa /
Akemi Tanaka ; tradução de Soraya Imon de Oliveira.
Barueri, SP: Novo Século, 2021.

Título original: The Power of Chōwa

1. Autoajuda 2. Desenvolvimento pessoal 3. 4. Sabedoria oriental 4. Cultura japonesa I. Título II. Oliveira, Soraya Imon

21-3347   CDD-158.1

Índice para catálogo sistemático:
1. Autoajuda

Alameda Araguaia, 2190 – Bloco A – 11º andar – Conjunto 1111
CEP 06455-000 – Alphaville Industrial, Barueri – SP – Brasil
Tel.: (11) 3699-7107
www.gruponovoseculo.com.br
atendimento@gruponovoseculo.com.br

Para Rimika e Richard

Akemi Tanaka (1959-2021) descende de uma família de samurais que lutou ao lado do guerreiro do século XV Ōta Dokan. Ela cresceu no Japão e morou em Londres, com seu esposo inglês. Akemi foi uma reconhecida divulgadora da cultura japonesa e regularmente conduzia turnês de estudos culturais retornando à sua terra natal, além de dar palestras em escolas, universidades e centros culturais. Akemi fundou uma instituição beneficente, a Aid For Japan, e recentemente foi premiada pelo governo britânico em reconhecimento ao seu trabalho de caridade em prol dos órfãos do tsunami de 2011. Ela também se especializou em cerimônia do chá, ocasião para a qual se vestia segundo os elevados padrões do costume tradicional, e demonstrou essa arte antiga em algumas *masterclass* sobre consciência plena (*mindfulness*) e gratidão.

www.akemitanaka.co.uk

SUMÁRIO

Prefácio 11
Introdução 15

Parte 1
Encontre o equilíbrio 23

1 Portas que se abrem 25
2 Faça a sua parte 47
3 Equilibrar a carteira 65
4 Encontre seu estilo 76

Parte 2
Viver em harmonia com os outros 105

5 Ouvir os outros e conhecer a nós mesmos 107
6 Aprender a aprender, e ensinar nossos mestres 125
7 Trazer equilíbrio para o modo como trabalhamos 143
8 Alcançar mudanças maiores 163

Parte 3
Equilibrar o que é mais importante   177

9   Harmonia dos alimentos   179
10   Encontrar o equilíbrio na natureza   196
11   Compartilhar um amor duradouro   212
12   Valorizar cada encontro   228

Epílogo   251

Agradecimentos   257

Referências   259

Homenagem a Akemi Tanaka   263

Notas   265

PREFÁCIO

Caro leitor,

Eu sou a Akemi Tanaka e, neste livro, gostaria de compartilhar com você uma abordagem tradicional japonesa para alcançar equilíbrio: o *chōwa*.

Meu nome, Akemi, significa "brilhante e bela". O nome da minha família, Tanaka, significa "no meio dos arrozais", o que se adequa ao fato de eu ter nascido na área rural de Saitama, parte da atual região correspondente à desaparecida província de Musashi, em uma pequena cidade interiorana nos arredores de Tóquio. Meus familiares são orgulhosos descendentes do samurai do alto escalão do século XV que lutou ao lado do guerreiro-poeta Ōta Dokan, arquiteto do antigo castelo de Edo, hoje parte integrante do Palácio Imperial de Tóquio.

Fui criada no modo tradicional, e estudei etiqueta ocidental em uma escola de formação em Tóquio antes de ingressar na universidade, em Saitama. Foi uma época demasiadamente agitada – eu estudava literatura inglesa e fazia estágio para ser professora, ao mesmo tempo que trabalhava à noite em um cinema da movimentada capital Ginza. Lá, conheci meu primeiro esposo, um jovem médico da alta sociedade japonesa. Eu convivia com diplomatas, presidentes de empresas e membros da família imperial. Fui instruída na cerimônia do chá e fiquei fascinada pelos códigos formais dos círculos da elite japonesa. Era uma grande aventura, como em *My fair lady* (*Minha bela dama*, 1964).[1]

Eu tinha dúvidas sobre a vida de casada. Via-me fazendo todas as pequenas coisas que há gerações serviam para manter as mulheres afastadas da vida pública – cozinhar, limpar, consertar roupas. Mas também pensava como eu poderia encontrar coragem para mudar as coisas, tanto para mim quanto para minha filha, mas, ao final, foi a mudança que me pegou de surpresa. Meu esposo e eu nos separamos. O divórcio fez de mim uma pária da sociedade. No Japão da década de 1980, o divórcio era raro e quase não se ouvia falar das famílias monoparentais. Sentia-me completamente perplexa, incapaz de decidir como agir e como lidar com essa repentina reviravolta do destino.

Naquele momento, percebi pela primeira vez uma ideia que se tornava clara. Era um modo de pensar que eu havia praticado inconscientemente em minha infância. Envolvia prestar atenção ao equilíbrio da minha mente (o que estava acontecendo comigo) e ao equilíbrio especial de um recinto (o que estava acontecendo com outras pessoas). Isso permaneceu comigo até mesmo quando cruzei o mundo para começar uma vida nova na Inglaterra. Era um modo de pensar, como uma espada adormecida ao meu lado sempre pronta quando eu precisasse empunhá-la, era a sabedoria do *chōwa*.

Em japonês, *chōwa* geralmente é traduzido apenas como "harmonia". Os caracteres japoneses (*kanji*) contidos nessa palavra significam, literalmente, "a busca por equilíbrio". O *chōwa* oferece métodos de solução de problemas que nos ajudam a equilibrar as forças opositoras que a vida lança sobre nós com tanta frequência: em casa, no trabalho, em nossa educação e em nossos relacionamentos pessoais.

Comecei a ensinar o *chōwa* a outras pessoas. Dava aulas para alunos particulares em minha casa e, depois, passei a dar aulas para grupos maiores, de estudantes secundaristas e universitários. Comecei a aceitar convites para falar na televisão e no rádio. Quanto mais ensinava, mais percebia que as ideias, as técnicas e os modos de pensar que me ajudavam poderiam ser destilados nesse conceito de *chōwa*. Estava convencida de que o *chōwa* também poderia ajudar outras pessoas a encontrarem seu equilíbrio.

O *chōwa* não é uma qualidade japonesa misteriosa; é uma filosofia, um conjunto de práticas capazes de mudar nosso pensamento acerca de nós mesmos e dos outros. É um modo de pensar sobre o mundo que pode ser ensinado – e aprendido. Embora aprender esse conceito antigo requeira consciência e esforço consciente, o *chōwa* pode nos ensinar maneiras práticas de abordar os desafios do dia a dia: como manter nossa casa limpa e organizada, como alcançar um equilíbrio satisfatório na vida profissional, como encontrar um amor duradouro. O *chōwa* também nos ensina a lidar com outros desafios: como lidar com morte e tragédias, como agir com a coragem de nossas convicções, como ajudar as pessoas.

Hoje, vivo em Londres. Já apareci na BBC e no Channel 4, e participei de reportagens no *The Guardian* e no *Daily Telegraph* sobre questões relacionadas ao Japão. Ministro palestras nas universidades de Oxford e Cambridge, e também no Victoria and Albert Museum, em Londres. Recebi o prêmio Points of Light, das mãos da ex-primeira ministra da Grã-Bretanha, Theresa May, em reconhecimento pelo trabalho de minha instituição beneficente Aid For Japan – que fundei após o tsunami de 2011, para dar suporte aos órfãos do desastre.

Espero que algumas lições deste livro sejam tão úteis para você quanto são para mim. Embora possa tê-las subestimado num dado momento, quanto mais compartilho e ensino a minha cultura, mais vejo o quão extraordinárias são as lições que estou prestes a compartilhar com você.

Akemi Tanaka

Visite meu site:
http://www.akemitanaka.co.uk

INTRODUÇÃO

"Dois peregrinos estão caminhando por uma longa estrada. Um deles está usando um chapéu de palha de aba larga. O outro não. Está um dia escaldante. O som das cigarras é ensurdecedor. Nenhum dos peregrinos diz uma palavra. Eles caminham um pouco afastados, dando espaço aos pensamentos de cada um. Após alguns minutos na companhia um do outro, o peregrino que está usando chapéu o tira da cabeça e o amarra em sua mochila. Eles continuam andando, lado a lado".
Inspirado por *Bushidō*, Nitobe (1908)[2]

O que é *chōwa*?

Sempre pensei que a palavra inglesa "harmony" (harmonia) soava levemente falsa. Para mim, ela remete a sorrisos radiantes e aos *slogans* "flower power" dos anos 1970, anjos de porcelana empoeirados na cornija de algum parente idoso, ou a uma concorrente de concurso de beleza afirmando que reza todas as noites pela paz mundial. Da religião à paz mundial, essa palavra me faz pensar em um ideal paradisíaco ilusório – e não em algo que muitos de nós almejam alcançar neste mundo.

A palavra japonesa *chōwa*, em contraste, embora possa ser traduzida como "harmonia", diz respeito a algo muito mais prático. É um modo de vida. É algo que você pode fazer ativamente. Uma tradução mais precisa para *chōwa*, em vez de "harmonia", seria algo mais próximo de "a busca por harmonia" ou "a busca por equilíbrio".

Em japonês, *chōwa* é escrito da seguinte forma:

調 和

chō – wa

O primeiro caractere, *chō*, significa "busca".
O segundo caractere, *wa*, significa "equilíbrio".[3]

O *chō* é um caractere simples, mas tem muitas camadas. É possível usá-lo com um sentido literal, como no verbo "buscar" (como quando se procura algo em gavetas), e também com um sentido metafórico, como em "quebrar a cabeça em busca de uma resposta ou inspiração". O caractere também pode ser usado como no verbo "preparar", nesse caso, com o sentido de "encontrar ordem" ou "estar pronto para um desafio iminente". Por fim, assim como "harmonia", *chō* tem um sentido musical. Pense na afinação de uma orquestra – a palavra japonesa para isso é *chō-gen*, que significa literalmente "preparar o arco". O caractere *chō* está intimamente relacionado a esse tipo de afinação: significa uma série gradativa de pequenas modificações ou ajustes que são feitos na busca pela nota certa, até que a afinação seja alcançada.

Wa também significa "paz", que pode ser um estado de tranquilidade e quietude – pense em uma atmosfera pacífica ou em um mar calmo. Alternativamente, quando usado como um verbo, pode se referir a uma ação deliberada de trazer paz ou equilibrar dois ou mais lados opostos – sejam pessoas, forças ou ideias, de modo que funcionem melhor juntos. Como verbo, esse caractere é usado com um sentido ativo – não só "paz" como substantivo, mas como uma ação de suavização, moderação e alívio. Por fim, o *wa* da palavra *chōwa* refere-se ao Japão, em particular ao Japão tradicional. As roupas japonesas são *wa-fuku*, o estilo japonês é *wa-fū*, e *washoky* se refere tanto a "comida japonesa" como a "dieta equilibrada". Esse mesmo *wa* é encontrado em *Reiwa*, a era que teve início no Japão em 1º de maio de 2019, quando o atual imperador, Naruhito, ascendeu ao trono.[4] *Reiwa* significa "harmonia bela" ou "a busca por harmonia".[5]

Se adicionarmos *ch* ao *wa*, teremos "a busca por equilíbrio" – de um modo quintessencialmente japonês.

Na linguagem cotidiana em japonês, falamos do *chōwa* como um substantivo – como "harmonia", no inglês –, mas também falamos de *chōwa* como verbo. É menos musical do que o verbo "harmonizar" em inglês, e tem um significado menos espiritual. É mais cotidiano, mais acessível, mais próximo de "seguir o fluxo". Como tudo que aprendemos – seja uma arte marcial ou tocar um instrumento –, o *chōwa* é algo que podemos praticar e nos aprimorar.

A terra do *Wa*

O *chōwa* nos ensina, acima de tudo, a nos orientarmos na direção de soluções práticas. Seja na vida pessoal, na vida em família ou na comunidade mais ampla, o *chōwa* tem a ver com a busca por modos pacíficos de encontrar nosso equilíbrio. Requer que enxerguemos nossas necessidades e desejos de forma objetiva e os coloque lado a lado às necessidades e desejos dos outros, para trazer a paz real. Essa abordagem requer uma genuína humildade. Tem a ver com cultivar o respeito pelos outros e, ao mesmo tempo, respeitar a nós mesmos.

Há séculos, esse modo de pensar é considerado quintessencialmente japonês. A obra *The book of Wei*, um livro de história do século III oriundo do Norte da China (então, chamado Wei), descreve alguns dos primeiros encontros com o Japão, chamado pelos chineses de "a terra do Wa". Os visitantes do século III vindos da China anotaram em seus diários que o povo da terra do Wa "se curvava para demonstrar respeito a pessoas importantes; era amistoso e respeitoso para com os visitantes".[6] As anotações em diário feitas pelos visitantes chineses foram registradas no *The book of Wei*. Eles descrevem a reputação do país de "dar presentes", o hábito do povo de Wa de bater palmas em oração e sua predileção por peixe cru – costumes que persistem até hoje no Japão.

Nosso tesouro mais precioso

Cerca de 300 anos depois, o príncipe do Japão, Shōtoku Taishi, governava um país dividido. Ele havia introduzido um sistema de governo moderno no estilo chinês, tecnologia agrícola atualizada e uma nova religião, o Budismo. Os seguidores da religião xintoísta, nativa do Japão, entraram em conflito com essa nova fé. O Xintoísmo – "o caminho dos deuses" – tinha a ver com apreciação da beleza natural e o ritual e adoração dos espíritos, ou *kami*. O Budismo, com seu conceito de iluminação e suas fortes expectativas éticas, foi realmente compreendido somente pela elite instruída. O príncipe Shōtoku, porém, conseguiu estabelecer o comprometimento no país por meio da imposição de uma constituição pacífica. Assim, Budismo e Xintoísmo poderiam ser praticados em paralelo.

O primeiro artigo dessa constituição diz:

以和爲貴、無忤爲宗。
人皆有黨。亦少達者。

"A harmonia é nosso tesouro mais precioso, as disputas devem ser evitadas. Todos nós temos nossos pontos de vista, mas pouquíssimos de nós somos sábios."
Shōtoku Taishi (574-622 d.C.)[7]

Até hoje, Xintoísmo e Budismo fazem mais do que simplesmente coexistir – no Japão, eles se complementam. Muitos japoneses se veem como xintoístas ou budistas, nenhum dos dois ou como ambos. A alma do Japão moderno foi forjada a partir dessa resposta pacífica e positiva ao que poderia ter levado à guerra e à tragédia – colocar a harmonia antes da preferência pessoal ou do interesse próprio, e até mesmo antes das crenças mais fortemente sustentadas. A manutenção dos dois sistemas de crença levou ao desenvolvimento de uma cultura única, que combina a apreciação das forças que criam e governam nosso mundo natural ao comprometimento ético com as outras pessoas.

Por que o *chōwa* é relevante nos dias atuais?

Muito do que os visitantes que foram ao Japão consideraram ilusório, mas também atraente, sobre o país pode ser percebido nas lições que o *chōwa* tem a nos ensinar. Você deve ter ouvido histórias sobre fãs de futebol japoneses cuidando para que um estádio estivesse imaculado após um jogo, ou visto vídeos mostrando trens japoneses nos quais todas as pessoas, mesmo no coração da cidade mais agitada do mundo, se comprometem a cultivar uma atmosfera de silêncio e quietude.

Desde que deixei o Japão e comecei uma vida nova por conta própria na Inglaterra, passei a ver alguns aspectos da cultura japonesa sob uma luz diferente, muitos deles com um olhar mais crítico. Mesmo assim, quando falo às pessoas sobre a minha cultura, percebo que vez após vez retomo essas lições simples sobre encontrar o equilíbrio. Existem coisas práticas que todos nós podemos usar no dia a dia para nos ajudar a encontrar o equilíbrio.

Hoje em dia, buscar o equilíbrio (e encontrá-lo) é algo bem mais fácil de dizer do que de fazer. Podemos sentir que não temos tempo para parar e pensar. Podemos ter a sensação de estarmos nos movendo mecanicamente pelo mundo: seguindo as correntes com nossas famílias, esperando que as dificuldades simplesmente desapareçam; passando longas horas em nossos trabalhos, sem nos importar de forma suficientemente profunda com aqueles com quem trabalhamos, sem dedicarmos tempo suficiente para nós mesmos ou para nossos entes queridos; freneticamente construindo coisas, na esperança de que isso facilite um pouco nossa vida, nos traga um tipo de "equilíbrio instantâneo"; tentando esquecer os efeitos de nossas escolhas sobre nosso mundo natural, escolhas essas que estão perturbando a estabilidade do planeta. É tempo de checarmos uns aos outros, respirar fundo e introduzir um pouco de quietude em nossa vida. Somente então conseguiremos ter uma visão acertada do que está acontecendo conosco – e do que está acontecendo com os que estão ao nosso redor. O *chō* de *chōwa* – "buscar" ou "preparar". Esse é o primeiro passo para encontrar nosso equilíbrio.

E, então, há o *wa* do *chōwa*: um modo de concretizar a "paz ativa". No início dessa introdução, falei sobre a harmonia como substantivo. É quando vemos a harmonia como um estado distante, um conceito ou ideal com ares de algo impossível, mesmo que seja só "faz de conta". Mas, quando vemos a harmonia como verbo – viver em harmonia com nós mesmos, ou viver em harmonia com os outros –, então percebemos que existem coisas que todos nós podemos fazer. Observamos que encontrar o equilíbrio – em nossos locais de trabalho, em nossos relacionamentos pessoais, em nossa sociedade – tem a ver com a busca ativa de soluções, sempre tendo em mente que todos nós vivemos juntos neste planeta.

Acredito que o *chōwa* é um modo de pensar que poderia beneficiar a todos nós – agora mais do que nunca.

Enfim, no decorrer deste livro, gostaria de lembrar que, assim como na história mencionada no início da introdução, o *chōwa* é um compromisso de responder da forma mais generosa e corajosa que pudermos ao mundo que nos cerca. É sobre estar aberto aos outros, de modo a podermos compartilhar tanto seus sofrimentos quanto suas alegrias. E é o entendimento de que todos estamos na mesma jornada: a busca por equilíbrio.

Pontos de interesse do *chōwa*

Nenhuma das ideias que compartilho com você neste livro exige extensiva explicação adicional. Contudo, farei o melhor que puder para explicar algumas vezes os complicados provérbios japoneses, da forma mais clara possível. Do mesmo modo, quando eu der exemplos da minha vida ou compartilhar histórias de familiares e amigos cujas vidas no Japão podem parecer distantes da sua realidade, tentarei relacionar essas experiências com algo mais universal. Também lhe darei chances de fazer algumas pausas para refletir ao longo da jornada, fazendo perguntas que você deve considerar ou resumindo o assunto que tivermos abordado juntos. Deixe-me sintetizar brevemente os pontos principais deste livro:

- Como cultivar um estado diário de prontidão, flexibilidade e resistência que ajude a encontrar o equilíbrio.

- Como se engajar em um espírito de coração aberto com as outras pessoas e assim controlar melhor as emoções difíceis.

- Como as pequenas modificações *no que* e *como* comemos, e também no modo como tratamos o mundo natural, pode equilibrar nossa mente, nosso corpo e nossa alma.

- Como enfrentar a morte e a tragédia, preparar-se para o pior, sabendo que ele pode acontecer, e como nos levantarmos de novo.

Parte 1

ENCONTRE O EQUILÍBRIO

第一章

自分の調和を見つける

1

PORTAS QUE SE ABREM

"Em cada porta,
A lama das sandálias de madeira.
É primavera de novo."
Issa (1763-1827)[8]

O Japão é o lar de uma das estruturas de madeira mais antigas do mundo, entre elas muitas casas tradicionais. Embora algumas dessas construções tenham certa elegância, nem sempre são o que se pode chamar de belo. O que me choca como algo mais singularmente japonês, em vez de um olhar minimalista ou de uma agradável simplicidade *wabi-sabi*, é o modo como, em cada recinto, cada item da mobília é um exercício de prudência, planejamento, busca e manutenção do equilíbrio – com natureza, com os ritmos da vida familiar e com a harmonia da casa em si.

Quero retratar para você algumas lições-chave do *chōwa* que extraí das vigas de madeira, das portas de painéis *Shōji*, dos pisos de *tatame* e das rotinas diárias que fazem de uma casa japonesa um lar – lições sobre viver em nossa casa, bem como lições sobre retribuir aos lugares onde vivemos. Essas lições podem exigir que demostremos nossa gratidão por nossa casa de maneiras que, a princípio, poderão lhe causar surpresa: limpando o banheiro, preparando um quarto para uma visita inesperada, secando as roupas, tomando banho ou voltando para casa.

Algumas das lições-chave do *chōwa* deste capítulo sobre as quais eu gostaria que você refletisse são:

- **Respeite os ritmos da sua casa.** Gostaria que você pensasse sobre o que cada espaço poderia estar pedindo, qual seria o significado real de cada rotina diária. Quando estamos em sintonia com o que nosso lar precisa de nós, podemos aprender a nos sentir realmente presentes em nossa casa.
- **Leve sua casa para a harmonia com a natureza.** O *chōwa* tem a ver com aceitar o mundo como ele é, o que significa encontrar uma forma de nos reconciliarmos com a flutuação do tempo. Temos que aceitar que o desgaste é inevitável. Temos que aceitar que desastres repentinos e inesperados podem acontecer. Também proponho algumas formas como você pode permitir o mundo natural no seu dia a dia.

Wabi-sabi e *chōwa* – qual a diferença?

A casa japonesa fascina *designers* de interiores e arquitetos de fora do Japão há séculos. Não pretendo me estender nesse assunto, sobretudo porque é possível que você já conheça alguns conceitos – como o minimalismo japonês e o *wabi-sabi*. Portanto, antes de apresentar uma casa japonesa a você, gostaria de esclarecer a diferença entre *chōwa* – "a busca por equilíbrio" – e o conceito de *wabi-sabi* – beleza imperfeita, frágil, ou simplicidade natural.

Wabi-sabi • O que é *wabi-sabi*? Significa beleza frágil ou simplicidade natural. É o conhecimento de que nada dura para sempre e que tudo vem e vai. Esse conceito budista tem inspirado muito do que é grandioso na arte e na poesia japonesa, bem como influenciado a arquitetura e o *design* das casas japonesas.[9]

Imediatamente, penso no escritor japonês Jun'ichir Tanizaki. Seu breve livro sobre estética japonesa, *In praise of shadows (Em louvor das sombras)*, incentiva os leitores a sempre terem em mente a elegância tradicional e a beleza melancólica das antigas casas japonesas – ele ama a textura dos antigos assoalhos de tábuas de madeira ou a visão da água da chuva correndo pela base musgosa de uma lanterna de pedra no jardim.[10]

Chōwa: a busca por equilíbrio • *Chōwa* significa a busca por equilíbrio. Pensar pela perspectiva do *chōwa* em relação aos nossos lares e ao longo deste livro ajudará a nos concentrarmos na jornada, no *ato* de equilibrar. O *chōwa* nos ajudará a enxergar o que ainda precisamos para nos sentirmos mais bem preparados, até mesmo para o pior, em nosso dia a dia. Exige trabalho duro. Isso não acontece por si só. Temos que nos mover e fazer algo ativamente para trazer o equilíbrio para a nossa vida. Pensar pela perspectiva do *chōwa* nos leva a aceitar que jamais alcançaremos o reverenciado estado de equilíbrio ou harmonia. Podemos até dizer que *qualquer* tipo de equilíbrio é sempre um ato de equilibrar.

O *wabi-sabi* e o *chōwa* têm alguns pontos em comum. Para se sentir equilibrado, é importante ver o mundo como ele realmente é. Isso pode significar abraçar a harmonia perfeitamente imperfeita da natureza. Contudo, quero que você se lembre de que o *wabi-sabi* passa longe de toda essa história. Em particular, quando se trata das ideias mais estéticas por trás do *wabi-sabi*, devemos ter em mente que nossas atitudes em relação à nossa casa – no Japão ou em qualquer lugar que vivamos no mundo – não são meramente um cultivar dessa ideia japonesa de beleza melancólica. Afinal de contas, precisamos de fato viver no lugar que chamamos de casa.

Levar a casa chōwa até você • À medida que vai conhecendo um espaço japonês, você pode pensar: "Tudo isso é muito encantador, mas como posso aplicar essas lições em minha vida?"

Uma casa é como uma linguagem. Tem sua gramática própria. Se tem algo que a minha experiência no ensino de japonês me ensinou é que explicar gramática a um falante não nativo não é um desafio simples. Quando digo para você levar o *chōwa* para sua casa, não estou pedindo que você abandone suas rotinas – tudo que você faz para relaxar, expressar sua estima pelas pessoas com quem vive, e o modo como cuida da sua casa. Existem coisas sobre o lugar onde você mora que você não pode mudar, mesmo que queira: escolhemos uma casa por ser a que nos é acessível, pela localização perto do trabalho ou ainda por ter o tamanho certo para a nossa família.

Também não estou sugerindo que você reforme o design da casa onde vive e substitua os tapetes por tatame ou as janelas e portas por painéis *shōji*. Contudo, algumas lições de *chōwa* que explicarei se baseiam na casa japonesa. Essas lições implicam aprender a estarmos preparados do modo como pudermos tanto para visitas inesperadas como para mudanças de vida mais drásticas. Assim, onde quer que vivamos, somos todos capazes de levar a casa *chōwa* conosco: ouvir mais atentamente o que nossa casa necessita para que ela possa retribuir, nos dando aquilo de que necessitamos.

Deixe-se ser guiado por esses espaços, tendo em mente o conhecimento de que eles podem ser um pouco diferentes dos espaços onde você costuma estar. Farei o que puder para ajudá-lo a transpor as lacunas, a trazer o espírito da casa *chōwa* a você.

A casa da família Tanaka

Convidarei você a viajar comigo no tempo e voltar a cinquenta anos atrás, para visitar a casa onde passei minha infância, na província rural de Musashi, norte de Tóquio. Atualmente, essa província não existe mais. A área onde cresci é a moderna Saitama de hoje.

Caminhando na direção da casa, a partir da estação de trem, tudo que se pode ver são campos e mais campos. Então, você passa por uma pequena fazenda. Ainda estamos no começo do ano, mas é possível ver, em meio às folhagens verde-escuras crescendo em um pequeno canteiro, que o *daikon* (nabo) foi plantado antes da chegada da primavera. Você passa pelo cemitério do templo, onde há um salgueiro enorme. Alguém toca um gongo e bate palmas duas vezes. Essa pessoa está rezando.

Pouco além do templo e do cemitério você segue por uma estrada rústica e se aproxima de uma grande construção de madeira. À sua esquerda, há alguns estábulos em ruínas. Do lado de fora de uma cabana, à sua direita, há um cesto cheio de algo parecido com pequenos ovos macios. São casulos de bicho-da-seda. A pequena cabana é uma fazenda de criação de bicho-da-seda para produção da seda usada na confecção de quimonos. Você segue até a entrada de uma ampla construção de madeira, cujos beirais pendurados estão revestidos com tijolos cerâmicos *kawara*, sustentados por pilares de madeira escura. Você sobe três degraus de pedra até a entrada e procura uma aldrava ou uma campainha, mas não há nada. Com cuidado, abre a porta de madeira e entra.

Avançar: um impulso positivo e prontidão na entrada • Você está agora no pequeno *genkan*, ou área de entrada. O *genkan* ainda pode ser encontrado nos modernos prédios de apartamentos japoneses. É um lugar onde os visitantes devem deixar os sapatos e são recebidos pelos donos da casa. Como esta é uma casa japonesa tradicional, você pode notar que em cima do armário onde os sapatos são guardados – o *getabako* – há um vaso contendo um raminho de flor de ameixeira. É para lembrar que, embora ainda esteja frio do lado de fora, já é possível sentir os primeiros sinais da primavera.

Você ouve uma voz vinda do final do corredor. Como estou à sua espera, eu o saúdo:

– *O-agari kudasai!*

Esta saudação significa "Entre, por favor!" – e, literalmente, quer dizer "avance, por favor". Esse significado tem a ver com o fato de que uma pessoa, ao entrar em uma casa japonesa tradicional, avança do *genkan* para dentro do *hall* de entrada. Quando você entra na casa, espera-se que você tire seus sapatos em um movimento. Se não tiver esse costume, você pode acabar pisando no chão por engano. Ao longo da vida, esse movimento acaba se tornando um hábito instintivo.

Você percebe que todos os outros sapatos guardados no *genkan* estão alinhados contra o degrau, de frente para a porta. Então, você faz o mesmo, virando seus sapatos com a parte da frente voltada para a porta de entrada. Assim, poderá deslizar o pé diretamente dentro do sapato quando for embora.

Esse é um pequeno exemplo do *chōwa* em ação: o *chōwa* tem a ver com estar pronto a cada momento para lidar com o momento seguinte – pequenos atos que nos preparam para um futuro incerto.

Consciência cuidadosa: "vá em segurança e garanta sua volta" • Quando um familiar sai de casa, é costume avisar, dizendo:

– *I-tte-ki-ma-su!*

Isso significa "Vou sair e já volto". A pessoa que fica em casa, então, responde:

– *I-tte-rassha-i!*

O significado dessa resposta é: "Vá em segurança e garanta sua volta!".

Há uma tensão comovente nesse ritual diário – entre o desejo de que nossos entes queridos voltem e a consciência acerca da possibilidade (que para muitos é tão terrível imaginar) de eles não voltarem. Se você já ficou até tarde esperando uma pessoa querida telefonar ou chegar em casa depois de ter se ausentado por mais tempo do que o previsto, saberá o que quero dizer. Esse ritual sinaliza um comprometimento em se preparar para qualquer coisa que o mundo lance sobre nós. Como os desastres naturais são comuns no Japão, temos que estar preparados para o pior. Em parte, é por isso que dizemos "garanta sua volta". É por isso que mantemos um kit de sobrevivência a terremotos na entrada de nossas casas e determinamos um ponto de encontro onde toda a família deverá se encontrar em caso de emergência.

Esta é uma mensagem central do *chōwa* que aparecerá várias vezes ao longo deste livro: viver em equilíbrio com nós mesmos e também com os outros é uma questão de coerência entre o que dizemos e o que fazemos. A busca por equilíbrio com nossos familiares e em nossas casas pode começar com uma declaração em alta voz de nossas esperanças e temores, de modo a tornar nosso cuidado mais consciente.

Isso é algo em que tive que pensar, mais recentemente, porque agora tenho muitos familiares que não falam japonês. Já não posso contar com esses rituais; tenho que pensar em formas em inglês de expressar em palavras o quão sortuda eu sou por viver com as pessoas que são importantes para mim. Às vezes, isso é difícil. Mas, como nunca se sabe o que o amanhã nos trará, incentivo você a fazer o mesmo.

Tatame: encontrar nosso equilíbrio em casa, encontrar nosso equilíbrio na natureza ● Assim que entra na casa, você passa por um corredor. No fim desse corredor, há um cômodo com piso de tatame. A sensação do tatame sob seus pés parece um pouco com a de andar em grama seca. De fato, os pisos de tatame são feitos de palha de arroz finamente tecida. O cheiro frequentemente me lembra chá, em parte porque as cerimônias do chá devem ocorrer sempre em recintos com piso de tatame, e em parte porque o cheiro da palha de arroz me faz lembrar do *gen-mai-cha* (chá de arroz pardo). Andando sobre o tatame, as pessoas ficam descalças ou – como eu – usam *tabi*, as tradicionais meias curtas brancas (é proibido usar sapatos ou chinelos).

Uma técnica de meditação comum consiste em se concentrar nas solas dos pés, com elas totalmente encostadas no chão, os pés espaçados na linha dos ombros, seja na posição sentada ou de pé, como que se enraizando no chão a cada respiração. Isso nos dá a sensação de equilíbrio. Esse é um dos motivos pelos quais temos essa sensação de paz ao andar descalços (ou usando as meias *tabi*) em um piso de tatame, exatamente como se estivéssemos andando descalços pelo campo ou na floresta, ao ar livre.

Em minha casa, em Londres, embora já não tenha uma sala com piso de tatame, tenho um pequeno jardim. Quando quero praticar a sensação do enraizamento, de uma conexão maior com a terra, saio e pratico essa técnica de meditação simples. Se desejar se sentir enraizado em sua casa e em maior contato com o mundo natural, você pode fazer o mesmo. De pé ou sentado, em um espaço tranquilo, preste atenção em sua respiração. Tente ficar ao ar livre, em seu jardim, em um parque público, ou apenas abra a janela e deixe o ar fresco entrar.

Ao inalar o ar pelo nariz, concentre-se na sensação de frescor e agradabilidade da sua respiração. É possível sentir a sua respiração enchendo seu corpo de vitalidade e da energia que vem do solo e do céu.

Exale o ar lentamente pelo nariz. A exalação relaxa o corpo. É possível sentir a tensão sendo expelida.

Concentrando-se na respiração, conte até oito enquanto inspira e, então, conte até oito expirando, permitindo-se sentir uma espécie de relaxamento natural. Tente fazer isso por cinco minutos. Isso realmente ajuda a focar sua atenção em sua respiração e no momento presente. Conforme sua respiração acalma e se torna ordenada, o mesmo acontece com a sua mente.[11]

Painéis shōji: esperar o inesperado • Vamos supor que o convite para ir à casa da família Tanaka fosse por ocasião de uma celebração. O espaço central com piso de tatame é uma sala ampla. Caberiam dez pessoas ou mais confortavelmente sentadas de pernas cruzadas ou ajoelhadas para jantar ao redor de uma grande mesa baixa colocada no meio do salão.

No chão, há poucos metros de distância, há trilhos de madeira que atravessam o salão e dividem o piso de tatame. Esses são os trilhos onde correm os painéis feitos de papel e madeira que geralmente dividem esse cômodo amplo em espaços isolados para os membros da família. Os painéis podem ser retirados dos trilhos e guardados, possibilitando *layouts* variados para o salão.[12]

Os painéis fazem parte da arquitetura – não só da casa, mas também da hospitalidade japonesa: um compromisso com a acolhida de uma visita inesperada, de uma hora para outra, ou com a acomodação de um familiar que possa necessitar de um espaço para trabalhar até tarde da noite.

Os painéis *Shōji* têm outra função prática. Quando o último convidado entra no salão, para a cerimônia do chá, por exemplo, o painel é fechado de forma firme e deliberada. Isso produz um baque muito satisfatório, audível a todos os convidados reunidos em torno da mesa. Os que já estavam presentes aguardavam esse som e, agora, sabem que todos os que foram convidados estão presentes. O anfitrião também aguardava atentamente esse som do baque produzido pelo fechamento do painel para poder iniciar a cerimônia.

Esperar o inesperado e responder à vida que se desdobra, momento a momento, tem tudo a ver com o *chōwa*. Ele começa pelo modo como tratamos nossa casa.

Mesas e cadeiras dobráveis poderiam ajudá-lo a utilizar melhor o espaço de sua casa? Com cada vez mais pessoas vivendo em apartamentos pequenos nas cidades, proporcionar flexibilidade à nossa casa nos permite usar totalmente o espaço de que dispomos, de modo a podermos trabalhar, dormir e receber convidados no mesmo cômodo.

Quando se trata de mobiliar cômodos, no Japão o equilíbrio pode literalmente ser uma questão de vida e morte. Em um terremoto, um guarda-roupas pesado pode tombar. Prateleiras abarrotadas podem desabar. Um espelho ou um retrato emoldurado pendurados na parede podem cair e espalhar cacos de vidro por toda parte. Mesmo sem precisarmos nos preparar para desastres cataclísmicos, acredito que pensar em equilíbrio nesse sentido mais literal – em termos de peso e quantidade de objetos que temos em casa – nos ajuda a lidar com mais desafios e mudanças no dia a dia, não importa o quão inesperados possam ser. Por exemplo, o que aconteceria se eu tivesse que mudar para outra cidade ou país amanhã? Poderia ser a trabalho, por amor ou para tirar férias prolongadas. O que você faria com todos os seus pertences? Conseguiria vendê-los? Se desfaria deles? Colocaria tudo em um depósito? Hoje, poucos de nós viveremos no mesmo lugar a vida inteira, em particular se não temos casa própria, por isso é importante lembrar que os objetos mais leves são mais fáceis de deslocar, transportar, vender e armazenar. Pensar de antemão nesse tipo literal de equilíbrio pode ajudar a nos sentirmos menos carregados quando chegar a hora de tomar decisões importantes.

- Onde moram seus amigos mais próximos? Se alguns moram longe, deixe-os saber que você está pensando neles. Manter conexões com as pessoas pode ser algo tão simples como contar a elas que a sua casa está sempre aberta para recebê-las. No Japão, as portas de painéis *Shōji*, segundo o espírito do acolhimento, costumam ficar abertas.

Relaxamento como forma de prontidão • Depois de conhecer a casa da família Tanaka e comer alguma coisa, sugiro que você passe a noite lá. É possível que você tenha perdido o último trem. Ficaria contente em oferecer a banheira da família para você usar. Diferente das banheiras ocidentais, uma banheira em estilo japonês (o ofurô) tende a ser mais funda do que comprida. Você pode ficar imerso com a água ao nível dos ombros.

Para mim, faz pleno sentido tomar banho todas as noites. Não só é relaxante e proporciona alguns momentos de calma ao final de um dia agitado de trabalho, como também é higiênico. No Japão, muitas pessoas chegam a ficar uma hora na banheira. Tomar banho à moda japonesa tradicionalmente envolve primeiro se lavar com uma ducha, fora da banheira, para então entrar na banheira e relaxar na água. Em muitas casas japonesas o banheiro é um cômodo com uma área para a banheira e outra para o chuveiro. A área da ducha geralmente tem um banquinho no qual você pode se sentar enquanto se limpa e um ralo para escoar a água suja. Pode-se até sair da banheira algumas vezes para se lavar novamente na ducha e voltar para ela. Depois de terminar, não descartamos a água da banheira, mas a deixamos para ser usada por outro membro da família. O exercício leve de entrar e sair da banheira é considerado benéfico para a pele.

Tomar banho ao fim do dia permite um momento de tranquilidade. Podemos finalmente ouvir nossa voz interior. O que estamos sentindo. O que estamos pensando. Quando há barulho do lado de fora, não conseguimos ouvir essa voz. Na banheira, quando estamos relaxados, nossa mente também relaxa. Não importa o que ouvimos de outras pessoas ao longo do dia, não há nada que elas possam fazer para perturbar nossa voz interior, esse espaço silencioso.

- Durante a imersão, você pode tentar fazer alguns exercícios leves, como alongamentos suaves, e massagear a parte posterior do pescoço usando as mãos.
- Você costuma ler, ouvir música ou usar o celular enquanto está na banheira? Tente se desligar de todas essas distrações – feche até mesmo o livro. Desacelere e ouça a sua voz interior. Esta é a melhor maneira que conheço de encontrar o equilíbrio ao fim de um dia agitado.
- Tente tomar banho no fim do dia, em vez de pela manhã. Essa pequena ação de *chōwa*, de seguir o ritmo de nosso dia, traz mais de um benefício – nos permite reduzir a pressa da manhã e mantém as camas limpas. Afinal, se você for para a cama com o cabelo sujo, irá sujar seu travesseiro.

Tadaima: pratique dizer "Agora estou aqui" quando chegar em casa • Quando um familiar volta para casa, é costume dizer: "*Tadaima*".

Isso significa, literalmente, "cheguei" ou "agora estou aqui".

A pessoa que está em casa então responde "*O-ka-eri-na-sai*" ou apenas "*O-ka-er-i*".

Isso significa "Bem-vindo de volta!".

Vivemos em um mundo no qual se espera que estejamos sempre conectados – respondendo a e-mails, olhando nossos celulares para verificar as mensagens e as mídias sociais, onde frequentemente somos "amigos" de colegas de trabalho, colegas dos tempos de escola, parentes e até estranhos. Os limites entre casa, trabalho e nossa vida social parecem ter mudado para sempre. Mas o mínimo que podemos fazer é assumir o compromisso de *estar* em casa quando estamos em casa.

Assumir esse compromisso, algo que nos era muito fácil quando éramos crianças – "Agora estou aqui" –, pode ser muito importante. Para quem é japonês, essas palavras soam como música, um som musical que associamos ao amor de nossa família por nós. Chegaríamos em casa, tiraríamos os sapatos e diríamos em voz alta: "Cheguei!", antes de dar um suspiro de alívio e deixar o dia que passou para trás. Isso aconteceria bem antes de estarmos jantando com nossa família, lendo um livro ou relaxando na banheira. Existe algo poderoso nessa lembrança – ao menos quando estamos em casa: "Agora estou aqui!".

Lares em harmonia com a natureza: cuidando melhor de nossa casa

Ainda hoje, as vidas dos japoneses estão estreitamente amarradas ao ritmo das estações, e isso também se aplica à vida em uma casa japonesa. Quando se trata de encontrar nosso equilíbrio, temos que ter em mente que isso também significa estar em equilíbrio com a natureza.

O *chōwa*, viver em harmonia, não tem a ver com criar uma bolha para nós mesmos e esquecer que, assim como todas as coisas neste mundo, somos seres naturais. Não importa quanto plástico usamos nem quanto tempo passamos nas cidades de concreto e aço, somos natureza e vice-versa.

Como todas as coisas naturais, nós – assim como nossa vida – estamos sujeitos a mudanças.

Como todas as coisas naturais, no devido tempo, nós desapareceremos.

Isso não é para soar deprimente; é apenas um fato da vida. Aceitar isso pode nos ajudar a aceitar os ritmos da natureza e o inevitável desgaste que ocorre com nossa casa. Gostaria de lhe mostrar o que o *chōwa* pode nos ensinar sobre viver em equilíbrio com o mundo natural, bem como a prestar mais atenção ao que nossa casa realmente necessita de nós.

O fato de as casas japonesas serem feitas em grande parte de materiais naturais – papel, madeira e terra compactada – nos lembra dessas verdades simples e tão importantes. Na casa da família Tanaka, ao observar os painéis *Shōji* mais de perto, você verá que parecem novos em folha, apesar de a casa ser antiga. O papel do qual são feitos os painéis geralmente é trocado uma vez por ano, no dia 30 ou 31 de dezembro, antes do início do novo ano. Quando eu era pequena, adorava ir com minha mãe e minha tia ajudar a trocar os painéis na casa do meu tio. Eu dava um soco no papel, perfurando-o com a mão, e via meu punho atravessar o painel, deixando um buraco com bordas curvadas em forma de labaredas brancas. O papel era substituído na época das celebrações de Ano-Novo, e a casa parecia estar renovada – um recomeço natural.

Tomar conta de nossa casa, inspirado pelo Xintoísmo (o caminho dos espíritos) • Ao andar pela casa da família Tanaka, você verá que os corredores de madeira são imaculadamente limpos e brilham tanto que é possível ver seu reflexo na madeira escura.

Alguns dos métodos ensinados pela guru da organização japonesa Marie Kondo a leitores do mundo inteiro – dobrar as roupas, organizar a casa, descartar ou doar o que se tornou desnecessário[13] – vêm sendo transmitidos há gerações pelas famílias japonesas. Acredito que um dos motivos pelos quais o modo japonês de organização se tornou tão popular é a nossa conexão, muitas vezes não falada, com o fluxo natural das coisas: existe uma relação íntima entre limpar a casa e encontrar nosso equilíbrio. O ato de manter uma casa limpa é um modo de sintonizar com os ritmos da natureza.

A religião japonesa tradicional, o Xintoísmo ("o caminho dos deuses [ou espíritos]"), acredita que os *kami* (espíritos) existem em todas as coisas na natureza – chuva, montanhas, árvores, rios. Isso se estende aos objetos fabricados pelos humanos. Estar consciente da presença dos espíritos nos objetos que limpamos, pensar neles como tendo existência e necessidades próprias, nos torna conscientes do cuidado que eles requerem de nós. Os objetos inanimados, de leques a sapatos, de cadeiras a carros, podem ter um *kami* – afinal de contas, todas as coisas que adquirimos são provenientes, em algum estágio, da natureza. Até os objetos de plástico ou de aço são fruto do trabalho de mãos humanas. O Xintoísmo nos ensina que todas as coisas, feitas pelo homem ou naturais, têm um valor inerente.

Sempre que limpo meu *kiri-dansu*, a cômoda de madeira onde guardo meus quimonos, costumo dizer: "Obrigada por vir do Japão comigo, obrigada por me ser tão útil".

- Você tem itens que usa regularmente – uma poltrona, uma escrivaninha, um relógio – aos quais gostaria de expressar sua gratidão pelos anos de serviço que lhe prestaram? Eu gostaria de saber se expressar a sua gratidão o incentivaria a cuidar melhor dos objetos – por exemplo, tomar a atitude de finalmente trocar o estofamento da sua poltrona favorita.
- Como você poderia cuidar melhor dos materiais naturais existentes em sua casa? Você conhece o tipo de madeira do qual é feita a sua mesa de jantar? Os lençóis e forros do colchão da sua cama são feitos de que material? Ter mais consciência acerca dos materiais que nos cercam não só nos torna mais bem capacitados a cuidar deles como também nos torna mais gratos aos objetos que nos prestam serviços tão úteis.

Reciclar e reutilizar em casa ● Agir certo em relação aos materiais que temos em casa também implica usá-los pelo máximo de tempo possível, servindo-os para que possam cumprir suas expectativas de vida de maneira saudável e feliz. Aqui no Reino Unido, sempre sinto uma pontinha de tristeza no Natal, quando vejo tanto papel de embrulho rasgado e largado, depois metido em sacos de lixo pretos, sobretudo por terem sido usados uma única vez em um dia. Isso sempre me faz pensar "*mottainai*" – que desperdício.

No Japão, os presentes por vezes ainda são embrulhados em pano de seda estampado chamado de *furoshiki*. Tradicionalmente, esses panos têm muitas utilidades. São usados para envolver roupas que podem ser guardadas ordenadamente dobradas em um armário. São usados para carregar coisas (no passado, costumavam ser usados como as bolsas e sacolas atualmente usadas no Ocidente), como verduras, sacos de arroz, marmitas e até crianças pequenas. Quando os presentes são embrulhados no *furoshiki*, as pessoas que os recebem – geralmente desembrulhando-os em casa, em particular, e não diante de quem os deu – cuidam para que o *furoshiki* seja devolvido ao dono, para que este possa utilizá-lo de novo. Embrulhar um presente com pano, além de ser uma forma elegante de presentear alguém, é ecologicamente correto.

Mesmo que você não invista em um *furoshiki*, talvez ainda possa praticar o espírito da reutilização que o *furoshiki* nos ensina, tomando um pouco mais de cuidado com o papel usado para embrulhar presentes, de modo a poder reutilizá-lo. Quando embrulhar presentes, se fizer isso com cuidado, amarrando com cordão ou fita em vez de usar cola ou fita adesiva, poderá incentivar os presenteados a reutilizarem o papel de embrulho em outra ocasião.

Cuidar de nossa casa para demonstrar gratidão e amor • Inspirada pelo Xintoísmo, existe uma crença no Japão que parece captar uma importante lição do *chōwa* sobre equilíbrio: cuidar de nossa casa é uma espécie de troca, se assim preferir – quanto melhor cuidamos delas, melhor elas cuidam de nós.

Lembro que minha avó dizia que havia um *kami* até mesmo no banheiro. Ela dizia que, se eu limpasse o banheiro, o deus que lá havia certamente me concederia boa saúde e, talvez, até boa sorte. Mas não apenas isso, segundo ela. Se eu deixasse o banheiro muito, muito limpo, eu seria bonita. A lição que ela ensinava era: "Se o espírito do banheiro estiver feliz, você também estará".[14]

Limpar nossa casa faz com que nos sintamos mais perto de quem amamos. As pessoas que nos ensinam a fazer limpeza frequentemente são as mesmas que nos ensinam tudo que sabemos sobre a vida – nossas mães, pais, avós, irmãos mais velhos. Manter a minha casa em determinada ordem faz eu me sentir mais próxima das pessoas que amo, tanto as vivas quanto as mortas.

Limpar nossa casa para encontrar o equilíbrio familiar • No Japão, muitas pessoas acreditam que, quando o espírito da casa está feliz, você tende a estar feliz também. Pelo menos é isso que minha mãe costumava dizer quando eu negligenciava minhas tarefas.[15]

Entretanto, sou diferente da minha mãe. Enfatizo muito mais a participação do restante da minha família na limpeza. Para mim, a limpeza é revigorante e calmante, mas não significa que eu deva fazer o trabalho todo sozinha. Fazer a limpeza também pode ser um modo de dar mais sentido de equilíbrio à família, uma vez que todos estamos dando uma pequena contribuição para a casa. Hoje, somos apenas meu esposo e eu em nossa casa, mas ele também cumpre com a parte dele!

Cuidar de nossa casa como forma de agradecer • Em 1º de setembro de 1923, minha avó foi convidada a ir à casa de uma amiga, em Tóquio. Ela estava conversando com a amiga dela, enquanto ninava seu bebê no colo – esse bebê era o irmão mais velho da minha mãe, e que simplesmente não queria dormir, quando, de repente, o chão começou a tremer. Minha avó já tinha passado por um terremoto, mas não como aquele. A casa inteira sacudia, descontroladamente. Antes que percebesse, ela já não podia ver mais nada. O telhado tinha caído. Machucada pelos destroços, ela ficou deitada no chão, incapaz de se mover. Tudo continuava sacudindo. Ela se agarrava ao bebê. Esse foi o grande terremoto Kantō de 1923. Mais de 100 mil pessoas morreram. Minha avó e meu tio sobreviveram por pouco. Quando eles emergiram dos escombros, muitas casas estavam completamente destruídas. Casas feitas de madeira e papel queimam rápido e, nas chamas que irromperam depois do terremoto, muitas casas que haviam sido carinhosamente cuidadas por várias gerações acabaram num instante.

No dia 11 de março de 2011, ouvi as notícias sobre o terremoto e o tsunami que atingiram Tōhoku, na região nordeste do Japão. Naquele ano, pouco depois de criar minha instituição de caridade para ajudar os sobreviventes, fui visitar as acomodações temporárias que tinham sido preparadas para os desabrigados pelo terremoto, pelo tsunami e pelo desastre ocorrido na usina nuclear de Fukushima Daiichi. Uma das coisas que mais aborreciam as famílias com as quais conversei, que tinham perdido suas casas no desastre, era não poderem se limpar adequadamente. O xampu a seco é impopular no Japão hoje, porque faz as pessoas se lembrarem daqueles tempos de desespero. Ninguém se importa de gastar alguns minutos a mais, todos os dias, para se lavar adequadamente. Eles sabem a sorte que têm por poderem fazer isso.

Aprender a partir dos infortúnios é outra lição do *chōwa* – se interessar pela dor das outras pessoas, assim como pela alegria delas. A frequência de desastres como um terremoto faz o povo japonês, até mesmo as pessoas que não vivenciaram diretamente um desastre, se lembrar o quanto são sortudos por poderem manter suas casas em ordem. Por isso, pratico manter minha casa limpa como uma forma de gratidão pela minha boa sorte, para honrar o luxo diário de uma casa arrumada.

Lições do *chōwa*:
Encontrar seu equilíbrio em casa

Fazer do seu cuidado uma ação mais consciente
- Você tem um costume familiar de realizar determinada ação ao sair e chegar em casa?
- Você acredita que pode expressar com mais frequência seu amor e gratidão aos entes queridos?
- Existem pequenas coisas que você pode fazer (por exemplo, deixar uma lanterna perto da porta, para o caso de faltar energia elétrica, ou imprimir uma lista de números de telefone de emergência e colocá-la em um lugar onde toda a família possa ver) para ajudar sua família a estar preparada para qualquer situação?

Limpar a casa para encontrar equilíbrio pessoal e familiar
- Qual era a sua atitude em relação à limpeza da casa, quando você era jovem? Como isso mudou, conforme você envelheceu?

- Quem ensinou você a se limpar e se arrumar sozinho? Seus pais ou avós? Um irmão? Um companheiro?
- O que acontece quando você tenta pensar no ato de limpar como uma forma de honrar a pessoa que ensinou você a fazer isso?

Sua casa em harmonia com a natureza
- Como o ramo de flor de ameixeira que você viu ao entrar na casa da família Tanaka, coloque também um vaso com flores da estação no hall de entrada da sua casa para dar boas-vindas a você e suas visitas.
- Há muitas formas divertidas de encontrar o equilíbrio com o mundo natural. Quando eu era mais jovem, costumava praticar com minha irmã uma tradição anual chamada *momiji gari* – procurar e coletar as folhas caídas mais bonitas. Que tal fazer a sua própria expedição de *momiji gari*? O que você coletaria?

2

FAÇA A SUA PARTE

"O pilar não aclamado tem o poder de sustentar a casa."
— Provérbio japonês

Mãe. Pai. Esposa. Esposo. Filha. Filho. Hoje, os papéis que pensávamos que nascemos para exercer em nossas famílias estão mudando diante de nossos olhos. Muitas dessas mudanças aparentemente são para melhor – por exemplo, um número cada vez maior de amigos meus está compartilhando igualmente as responsabilidades do cuidado dos filhos, e está se tornando mais fácil para as mulheres alcançar o equilíbrio entre uma carreira agitada e a criação de uma família. Para algumas pessoas, entretanto, continua sendo difícil lidar com todas as demandas que a vida moderna impõe, de modo a reconciliar seu "verdadeiro eu" com as responsabilidades para com suas famílias.

O *chōwa* pode nos ajudar a lidar com essas responsabilidades contrastantes. A harmonia familiar, no sentido tradicional japonês, significa perguntar a nós mesmos: "Como posso servir?". Significa dar o melhor de nós para complementarmos uns aos outros nos papéis que exercemos e nas coisas que fazemos. Significa nos enxergarmos como parte de um todo maior. No entanto, embora eu tenha aprendido muito com meus pais sobre criação de filhos e minhas responsabilidades para com a minha família, aprendi muito mais vivendo em dois países – Inglaterra e Japão – sobre incorporar diversão e flexibilidade à vida familiar, bem como sobre ser realista quanto à minha expectativa em relação a mim mesma. É um ato de equilíbrio que só comecei de fato a aprender quando tive que criar uma filha sozinha.

Neste capítulo, algumas das principais lições do *chōwa* sobre as quais eu gostaria que você refletisse são:

- **Pense nos papéis que você exerce na vida familiar como um ato de equilíbrio.** Viver como parte de uma família implica aprender a sintonizar nossas responsabilidades e "papéis", por vezes guardados com tanto orgulho, de modo a dar menos ênfase ao que esperamos de nós e mais ênfase ao que podemos realmente dar.
- **Encontre harmonia na vida familiar.** É mais do que possível encontrar diversão nos papéis que exercemos – incorporar um espírito de *chōwa* aos nossos relacionamentos, seguir um pouco mais o fluxo, e ao mesmo tempo honrar o lugar de onde viemos. Pode ser útil substituir as palavras "compromisso" e "sacrifício" pelo modo como podemos "complementar" e "cuidar" uns dos outros como membros de uma família.
- **Enxergue cada pessoa e a si mesmo com mais clareza.** O *chōwa* nos ensina a termos mais consciência das demandas que impomos uns aos outros, e também que precisamos

aprender uma maneira de darmos uma pausa a nós mesmos. Quando as coisas estão difíceis, temos que aprender a dar um passo para trás, nos olhar com mais objetividade e verificar nosso equilíbrio – atitudes que esquecemos de ter em meio à vida em família.

Nem sempre é fácil conviver com outras pessoas, não importa o quanto as amamos, e às vezes precisamos de algum espaço para descobrir o que podemos fazer para mudar as coisas para melhor.

A casa onde cresci

Embora eu tenha passado grande parte da minha infância na casa da família Tanaka e ao redor dela, não cresci lá. A casa pertencia ao meu tio e sua família. Por não ser o filho mais velho, meu pai não herdou a casa, o terreno e nada da fortuna dos Tanaka; de acordo com a tradição, tudo isso era do meu tio, o primogênito. Para falar sobre *chōwa* e a família em um sentido mais cotidiano, terei que conduzir você a outro lugar...

Ao acordar de manhã cedo na casa da família Tanaka, você dobra silenciosamente seu *futon*, volta caminhando pelo corredor e calça os sapatos que deixou no *genkan*, na noite passada. Desliza a porta para abri-la e sai, fechando-a cuidadosamente atrás de si. Então você segue o caminho de volta pela estrada, após o cemitério coberto, ao longo de um percurso nebuloso em meio aos arrozais que se estendem até onde a vista alcança.

Depois de alguns minutos de caminhada rápida, você passa novamente pela pequena fazenda. É o lugar onde minha avó materna viveu e onde minha mãe cresceu. Um pouco mais adiante na estrada, você chega a uma casa de madeira menor, com dois andares, que é a primeira de uma série de casas nesse estilo, separadas por uma distância aproximada de 180 metros. Eu cresci nesse lugar.

Encontrar um senso próprio de equilíbrio

Nas famílias, muitas vezes nos deparamos com escolhas que nos parecem impossíveis. Desejamos ser nós mesmos, realizar todo nosso potencial. Frequentemente, sentimos que, como pais ou companheiros, temos responsabilidades, certo papel a exercer na família, seja o de "disciplinador" ou o "daquele que organiza as coisas". Às vezes, nos sentimos como a única pessoa que mantém a união de tudo. A energia que demanda desempenhar esses papéis pode dar a sensação de estarmos nos impedindo de sermos verdadeiros para com nós mesmos. Ainda assim, essas responsabilidades parecem necessárias – alguém tem que impor as regras, arrumar e trazer equilíbrio para a casa.

Quero lhe apresentar uma palavra em japonês que capta esse sentido de equilíbrio pelo qual todos nós nos empenhamos, qualquer que seja o tipo de família em que vivamos:

自分

ji-bun

Esses caracteres significam "a parte de si" (no sentido de "uma parte de um todo maior")

Esses caracteres contêm o que parece ser peculiarmente uma mensagem de *chōwa*: o que quer que façamos, fazemos no contexto dos nossos relacionamentos com outras pessoas, como parte de um delicado equilíbrio que constantemente negociamos com elas. Em especial na nossa família, nos vemos desempenhando determinado papel em particular. Se nossas famílias são diferentes, o papel que exercemos também é diferente. De certo modo, *ji-bun* nos permite refletir sobre os significados da palavra "parte": todos nós somos "partes", no sentido de sermos "parte de um todo". Também temos todos que fazer "nossa parte" – como um ator desempenha um papel.

Para mim, essa palavra em japonês que designa o "próprio" pode nos ajudar a refletir sobre encontrar equilíbrio no modo de sermos verdadeiros conosco. No entanto, pensar em nós como *ji-bun*, a "própria parte", nos ensina que a divisão entre nosso inteiro e a "parte" que desempenhamos (ou seja, nosso papel na sociedade ou na família) não é tão nítida quanto às vezes imaginamos. Afina de contas, o que é o próprio senão uma constante dança entre o que devemos aos outros e o que devemos a nós mesmos? Cumprir nossas obrigações para com os outros sem comprometer nossa jovialidade e espontaneidade para com eles é uma luta para a vida inteira.

O *ji-bun* nos mostra ainda que "a própria parte" pode ser mais do que isto. Ela não é apenas uma parte de um todo maior. Ela pode ser uma força harmonizadora em um todo por vezes fraturado.[16]

Sinais exteriores de compromisso interior • Assim como muitas outras crianças da minha geração, fui criada segundo um rígido código de disciplina. O caractere que designa "disciplina" é assim:

躾

shitsuke

Esse caractere combina os símbolos que designam:
- corpo, postura ou atitude (身) e
- beleza, correção, adequação (美).

Retomaremos várias vezes as ideias por trás desse caractere. Está estreitamente mesclado à ideia de *chōwa*. Embora não seja possível ver a atitude de uma pessoa, é possível ver a disciplina da mente de uma pessoa pelo modo que ela se conduz, bem como por suas palavras e obras. Nosso corpo – não importa o que façamos no mundo – deve refletir nossa mente. Só demonstramos aos outros a qualidade do nosso caráter quando o que fazemos e o que dizemos ou pensamos em fazer estão em harmonia.

Você é o que você faz. Comparecer a compromissos pontualmente, chegar em casa a tempo para ficar com os filhos, arranjar tempo para rever velhos amigos – a soma de suas ações, aquilo que você realmente faz, é o que determina seu caráter, mais do que aquilo que você diz ou planeja fazer.

Desafie seus filhos • Imagine que eu o tenha convidado a entrar na casa onde cresci, a mais modesta das casas que ficavam na estrada que vinha da casa da família Tanaka. Você tira seus sapatos e os arruma na entrada pouco antes de entrar na casa em si, como fez na casa maior.

Ao chegar no corredor de piso de madeira, você se depara com o pergaminho favorito do meu pai pendurado na parede. Ele mostra um tigre carregando um filhote na boca. Embaixo da imagem representada no pergaminho, existem três caracteres que são o lema da nossa família: "força, brilho e beleza".

強く　　明るく　　美しく
tsuyoku　　akaruku　　utsukushiku

A imagem no pergaminho é uma cena
de uma história folclórica popular.

Um tigre carrega seu filhote para a beira de um penhasco. Ele então relaxa lentamente as mandíbulas, deixando o filhote tombar na beirada. Se o filhote não conseguir rastejar de volta, não é forte o bastante para sobreviver.

Tenho plena consciência de que esta imagem e o sentimento que ela desperta são chocantes. Mas, naquela época, quando se tratava de criar meninas, em particular, meu pai ia contra a maré para nos ensinar a sermos mais do que apenas "brilhantes" e "belas". Ele nos ensinava também a sermos fortes. Ele me preparou para enfrentar os desafios de cabeça erguida e sem demonstrar medo.

O desafio pode ser uma coisa positiva. Não temos que tratar nossos filhos de maneira tão dura quanto o tigre faz nessa história tradicional. Meu pai certamente submetia minha irmã e eu a certos testes – nos trancando em um armário, quando éramos respondonas, por exemplo – que eu jamais faria minha filha passar. O desafio não tem que ser feito com esse espírito. Pode ser algo positivo. O origami, por exemplo, a tradicional arte japonesa da dobradura de papel, requer algumas horas para aprender e uma vida inteira para dominar. Embora possa ser muito complicado e até cruel para quem está aprendendo, torna-se uma ótima habilidade para os pequenos aprenderem, uma vez que estimula tanto seus dedos quanto seus cérebros, introduzindo regras complexas de geometria ao mesmo tempo que os diverte.

Introduza a quietude em sua casa • Existe algo de adorável em crianças felizes e barulhentas; não sou adepta da perspectiva de que as crianças devem ser vistas e não ouvidas. Aqui, falo sobre cultivar uma atmosfera geral de quietude em casa. Os adultos são tão responsáveis por isso quanto as crianças. As crianças são excelentes imitadoras. Se eu perder a calma, rapidamente minhas palavras rudes voltarão para mim. Eu tentava evitar dizer a minha filha o que fazer e, fazendo as coisas de forma silenciosa e tranquila, permitia que ela me observasse, assistisse e aprendesse, aproveitando sua capacidade de copiar ao lhe mostrar um bom exemplo. Focar a atenção das crianças em assistir e aprender é uma ótima forma de prepará-las para a vida fora de casa (estudar em silêncio, brincar de forma sadia com os outros e assim por diante). Quando convivemos com pessoas, desejamos que nossa mente esteja calma e limpa para quando precisarmos ter conversas difíceis, resolver problemas ou compartilhar momentos de tristeza, bem como de alegria, com elas. Cultivar a quietude em nossa casa é uma parte significativa da tarefa de torná-la um lugar confortável, onde poderemos relaxar adequadamente e conversar uns com os outros.

Divirta-se com seu papel • É exaustivo dizer constantemente aos filhos que se arrumem ou façam a lição de casa, ou para se comportarem ao máximo. Lembro que meu pai se empenhava bastante em exercer o papel de "pai samurai rigoroso". Mas lembro dele com ainda mais afeto quando penso naqueles momentos em que essa máscara caía.

A cada ano, pouco antes do início da primavera, celebrávamos o festival Setsubun. Se você chegasse em nossa casa nesse dia, no mês de fevereiro, ouviria minha mãe, minha irmã e eu gritar: "*Fuku wa uchi, oni wa soto!*". *Fuku wa uchi* significa "boa sorte, entre", e *oni wa soto* quer dizer "demônios, fiquem lá fora".

Nas casas japonesas, geralmente é o pai quem coloca uma máscara e finge ser um demônio assustador. A mãe e as crianças lançam punhados de grãos de soja torrados sobre o demônio, enquanto este tenta fugir. Depois de expulsarem o demônio, todos limpam a casa juntos.

Lembro-me de jogar soja no meu pai, enquanto ele rosnava para nós. Lançávamos os grãos de soja sobre ele com toda a nossa força. Certa vez, quando meu pai tirou a máscara, havia lágrimas em seus olhos. Eu achei que nós o tínhamos machucado, mas ele estava chorando de tanto rir – ele achou realmente engraçada a determinação em nossos rostinhos.

Meu pai desempenhou esse papel – o de pai rigoroso – a vida inteira. Quando me lembro de seu rosto suado emergindo por trás da máscara, penso no esforço diário que esse papel devia lhe custar. Eis algumas coisas que você deve ter mente ao usar a máscara do seu papel familiar:

Tente não ser descoberto no papel que você pensa que "deveria" desempenhar. Esteja você tentando ser o companheiro ou o pai/mãe que pensa que "deveria" ser, você deve admitir que é uma mistura daquilo que aprendeu com seus pais e do que aprendeu com os outros. Todos nós nos autoinventamos ao longo do caminho. Todos podemos levar nossos papéis um pouco menos a sério.

Pare de ser cabeça-dura. Por vezes, dizemos a nós mesmos que é nosso trabalho fazer determinada coisa – seja gerenciar o orçamento de casa, planejar viagens ou cuidar da comida. Isso pode ser feito com um espírito positivo de contribuir para nossas famílias, dando o melhor de nós em tudo que fazemos. Podemos começar a perder o equilíbrio como família quando algo que iniciamos com a melhor das intenções se transforma em uma coisa totalmente diferente: um modo de servir não a nossas famílias, mas de servir e isolar a nós mesmos – "Sou a *única* pessoa que pode planejar adequadamente as férias da família" ou "Sou a *única* pessoa que pode cuidar do nosso dinheiro". Alcançar esse equilíbrio da maneira correta – ouvindo os familiares e considerando a opinião de cada um – é fundamental para a harmonia familiar. Caso você tenha que falar com um familiar que esteja se recusando a ouvir, reformular a "crítica" como uma conversa – "Entendo o que você quer dizer, mas..." –, pode ajudá-lo a enxergar por que ele tem tido tantos problemas com o modo como faz as coisas. Pode, inclusive, ajudá-lo a ver o lado divertido de sua arrogância, mesquinhez ou teimosia.

Admita quando estiver errado. Gastamos energia demais sendo rígidos, estando certos, permanecendo no controle. Não tenha medo de admitir para seus filhos quando estiver errado, nem de se desculpar quando elevar o tom de sua voz. Muitas vezes, são em momentos de descuido que nossos "papéis" convencionais se perdem. Quando pais e filhos se veem como iguais – e somente quando isso ocorre – é que se descobrem tornando-se amigos.

O espírito samurai: aprender a servir nossas famílias, aprender a servir a nós mesmos • Quando você pensa em um samurai, provavelmente imagina um guerreiro japonês usando um topete, empunhando uma espada e cavalgando a caminho de um resgate, como no famoso filme de Kurosawa, *Os sete samurais*. O que talvez você não saiba é que a palavra "samurai", em japonês, tem origem na palavra *saburo*, que significa "servir".

Embora os valores samurai sejam tipicamente associados a homens, eu gostaria de falar sobre a minha mãe. Como disse, a família Tanaka é descendente do samurai que serviu o guerreiro-poeta Ōta Dōkan. Nos tempos dos samurais, não eram apenas os homens que tinham que aprender artes marciais e cultivar habilidades para defender suas casas. Também se esperava que as mulheres, ao menos em certos casos, tomassem as armas e defendessem suas casas – e até liderassem exércitos, quando seus pais ou esposos morriam em combate. Minha mãe foi criada – se não aprendendo esgrima e táticas militares – tendo em mente esses princípios. Certa vez ela nos contou que, quando criança, ela e seus colegas da escola mantinham estacas de bambu de ponta afiada no canto da sala de aula, de modo a estarem preparados para lutar caso forças inimigas invadissem o Japão, e até para morrerem com honra, se fosse necessário.

Ao longo da vida, tento trazer comigo algo desse espírito samurai dela, e gostaria de compartilhar o que ela me ensinou sobre servir minha família – sem esquecer de cuidar de mim também.

Renovar o compromisso uns com os outros. Havia diferenças indiscutíveis entre minha mãe e meu pai. Embora minha mãe nem sempre estivesse certa, muitas discussões aconteciam por causa das pequenas desonestidades ou das exigências autoritárias de meu pai. Contudo, uma vez por ano, na noite de Ano-Novo, nós praticávamos um ritual de perdão, abandonando as "coisas ruins" do ano anterior e começando o ano novo do zero. Meu pai, como "chefe da casa", agitava sobre nossas cabeças uma vara de bambu com um papel branco amarrado na extremidade da haste, proveniente de um templo xintoísta, em um tipo de benção. Esta era uma tradição japonesa de banir todos os demônios e "coisas ruins" que estivéssemos abrigando. Tradicionalmente, todo filho se curva diante do pai para demonstrar respeito. No entanto, uma coisa que sempre me impressionava era que, depois de meu pai dispersar as "coisas ruins", minha mãe tomava a vara dele e a agitava sobre a cabeça dele. Que coisas ruins estaria ela perdoando? Eu queria saber. Havia anos em que meu pai inclinava a cabeça um pouco mais baixo, ora brincando, ora mais sério, como se houvesse de fato mais coisas a serem banidas naquele ano. Era um ato anual de purificação, um ritual de renovação e perdão.

No dia do Ano-Novo, dizemos "*kotoshi mo yoroshiku onegaishimasu*", que significa "continue cuidando de mim". Essa é uma afirmação muito poderosa para os membros da família dizerem uns aos outros, e não só os filhos aos pais, mas também os pais aos filhos. A convivência em família nem sempre é fácil – assim como nem sempre é fácil conviver conosco, mas considero esses atos silenciosos de perdão, seguidos de um compromisso verbalmente assumido de "cuidar uns dos outros", muito poderosos.

Pergunto-me se isso é algo que todos deveríamos praticar um pouco mais – ajudarmo-nos a banir as "coisas ruins" e renovar nosso compromisso de amarmos uns aos outros.

Não tenha receio de pedir ajuda. Dentre todas as pessoas que conheço, minha mãe é a que tem mais dificuldade para aceitar ajuda. Entretanto, gosto de pensar que, conforme nós duas envelhecemos, até mesmo ela tem aprendido a relaxar um pouco. Isso se deve, ao menos em parte, à minha irmã e a mim. Gosto de pensar que nós duas temos sido boas filhas e, sempre que viajo ao Japão, ajudo minha mãe em casa tanto com as tarefas grandes quanto com as pequenas. Ela sempre diz que fica feliz por receber minhas visitas com mais frequência do que da minha irmã, que mora perto e trabalha há apenas algumas horas de distância, em Tóquio. Mas, assim como aceitar a ajuda das filhas, minha mãe aprendeu a confiar na comunidade. As pessoas que moram na cidade dela realmente cuidam dos cidadãos de idade avançada. Quando visito minha mãe, sempre me surpreendo com anúncios pedindo ajuda para encontrar uma senhora idosa que às vezes se perde, e as pessoas não se importam de ajudá-la a voltar para casa. Uma coisa que sempre me encantou é o som do caminhão de tofu se aproximando das casas para vender tofu fresco de porta em porta. Recentemente, minha mãe se tornou líder da associação de idosos local e assumiu o trabalho de gerenciar as contas dela. Além de ser de grande ajuda para a organização, é também de grande ajuda e conforto para ela – permite que ela mantenha a mente aguçada e ativa, e desfrute a companhia de outras pessoas.

Divida a carga de tarefas domésticas entediantes. O *chōwa* nos ensina que indagar – saber o que precisa ser feito – é o primeiro passo para alcançar o equilíbrio real. Se você mora com um companheiro, a família ou um grupo de colegas, não é incomum que alguém acabe fazendo mais tarefas de casa do que os outros. Elabore uma lista do que precisa ser feito. Divida as tarefas a cada semana. Gire as tarefas, para que todos experimentem como elas são. Lembre-se de que não existe "trabalho exclusivo de homens" nem "trabalho exclusivo de mulheres", mas apenas trabalhos que precisam ser feitos. Por vezes, a ajuda para realizar as tarefas domésticas pode vir de onde menos se espera. Em minha última viagem ao Japão, comprei um robô aspirador para levar de volta comigo para a Inglaterra. Minha mãe, a princípio cética – ela nunca comprara sequer uma lavadora de louças –, tornou-se fã do robô e lhe deu o nome de Kurico-chan. *Kuri* significa "limpeza". *Ko* é uma terminação tipicamente adicionada ao nome das meninas. *Chan* é um sufixo que usamos para meninos e meninas, para expressar uma maior proximidade com a pessoa. Eu certamente me sinto mais próxima de minha pequena robô de limpeza. Neste exato momento, ela está varrendo meu escritório, em Londres. Enquanto escrevo, ergo meus pés para deixar que ela "engula" a poeira sob minha escrivaninha.

Lute por seu direito a uma folga. Meu pai trabalhava longas horas em uma transportadora, em Tóquio. Quando o chefe dele decidia ficar até tarde no escritório, todos os funcionários também tinham que ficar. Nessas ocasiões, meu pai tinha que sair para beber com os colegas, gostasse disso ou não, e acabava chegando tarde em casa quase todas as noites, apenas para recomeçar tudo de novo no dia seguinte. Nada disso teria sido possível sem a sua igualmente trabalhadeira esposa, que ficava a maior parte do tempo em casa. Um equilíbrio, por sorte, foi atingido, embora não seja o tipo de equilíbrio que endossaríamos ou aspiraríamos nos dias de hoje.

Apesar de minha mãe ter feito tanto para apoiar meu pai, muitas vezes sem nenhuma queixa, comecei a perceber melhor a sua forte independência, o seu espírito samurai, à medida que fui amadurecendo. As rachaduras começaram a surgir conforme ela passou a garantir seus direitos com um pouco mais de firmeza.

Uma vez que as filhas saíram de casa, seu "espírito samurai" começou a se manifestar de maneiras surpreendentes. Quando éramos mais jovens, minha mãe costumava ficar apreensiva com a chegada dos feriados em família. Ela tinha que cuidar do meu pai e atendê-lo em todos os seus caprichos – até carregar as sacolas para ele. Quando minha irmã e eu saímos de casa, ela colocou os pés no chão. Disse a ele que não toleraria aquilo e que, no próximo feriado, sairia com as amigas. Esse foi um pequeno ato para ajustar um equilíbrio que, por muito tempo, não estava dando certo para ela.

> **Olhe a sua vida de outra perspectiva.** O *chōwa*, a busca por equilíbrio, requer que abramos nossos olhos para o que realmente está acontecendo. Às vezes, precisamos ser capazes de olhar para nossa vida de maneira objetiva, perguntando a nós mesmos, tranquilamente: "Como posso alcançar o equilíbrio?". Fazer essa pergunta e saber a resposta nem sempre é fácil.

Existe um provérbio japonês que diz: um sapo no poço não conhece o oceano. Penso nisso quando reflito sobre a minha experiência e a de meus amigos com relacionamentos difíceis.

Algumas vezes você pode se sentir como um sapo em um poço. Você segue a sua vida rotineira, sabendo que não está feliz e que precisa sair daquele lugar, ou acabará afundando. Contudo, você não tem ideia de como escapar. Assim como o sapo no poço, você se atira contra as paredes. Talvez esses saltos sejam os pequenos compromissos que você acredita ser uma forma de escapar – ou uma percepção de que as coisas estão melhorando –, mas, a cada tentativa, você vê tudo sair dos trilhos novamente. E, assim, você se sente mais exausta a cada vez que tenta mudar as coisas.

Às vezes, precisamos de alguém para conversar. Quando se está no fundo do poço, procurar ajuda pode ser a coisa mais difícil.

Conversar com alguém pode nos dar uma perspectiva renovada e nos ajudar a ver que o equilíbrio de nossa vida está mais perturbado do que pensávamos.

Pode até ser possível darmos a nós mesmos essa dádiva de perspectiva. Tente se ver de cima, como a Lua e o Sol veem a Terra que está embaixo. Dê um passo para trás em relação a si mesmo e seja objetivo. Se você passar alguns momentos imaginando-se vivendo a sua vida, começará a notar que se sente mais calmo e com mais controle. Terá parado de lutar, parado de pular contra a parede, como o sapo, e terá começado a ver realmente o que está acontecendo.

Agora, pergunte a si mesmo: o que é preciso mudar?

Lições do *chōwa*:
Encontre seu equilíbrio na sua família

- Seja você homem ou mulher, "organizador(a)" ou "aquele(a) que é forte", "preguiçoso(a)" ou "prático(a)", irá contribuir muito mais para seus relacionamentos quando se tornar menos preso aos papéis que lhe foram atribuídos, ou que você atribuiu a si mesmo, e pensar mais sobre como pode completar seu cônjuge, família ou amigos.
- Esqueça qualquer papel que geralmente costuma assumir.
- Foque naquilo que você pode fazer ativamente para buscar um estado de equilíbrio real.
- Tente suavizar seus "papéis" e "responsabilidades" em casa usando um pouco de humor. Não há problema em deixar sua máscara cair.

- Quais histórias você conta a si mesmo sobre o tipo de pessoa que você é? Existe uma parte do seu eu que você gostaria que se manifestasse mais?
- O que lhe permite externar seu poeta interior, seu samurai interior, seu lado sensível?
- Há meios que lhe permitam delegar seu trabalho de forma mais uniforme, para obter um equilíbrio mais justo entre os membros da sua família ou entre aqueles que moram com você?
- Lembre-se de que fazer tudo que pode pelo melhor da sua família pode ser exaustivo – e que, muitas vezes, seu maior inimigo é você mesmo.
- Faça o que puder para lutar por seu direito a uma folga, mesmo que seja apenas por um dia.
- Encontre aliados, dentro e fora da família, com quem possa conversar sobre os problemas que inevitavelmente podem surgir.

3

EQUILIBRAR A CARTEIRA

"Fazer dinheiro pode ser como cavar um buraco com uma agulha, mas gastá-lo é como a água que desaparece na areia."
– Provérbio japonês

Para muitos de nós, o dinheiro é a maior fonte de estresse e ansiedade no dia a dia. Houve momentos em minha vida em que eu tive poucas preocupações financeiras – eu podia contar com minha família, ou com meu esposo, ou com os rendimentos do meu negócio, quando eu dirigia uma escola de inglês localizada em Tóquio. Entretanto, mesmo nesses momentos, eu acordava de madrugada, preocupada com o que aconteceria se todo esse suporte ruísse ou se meu sucesso acabasse de repente. Também houve momentos em que lutei com o dinheiro, como quando me mudei para a Inglaterra e tive que trabalhar duro para pagar as contas. Por outro lado, tanto nos momentos bons como nos ruins, o que sempre me deixava mais ansiosa era perceber que eu não estava dando a devida atenção às minhas finanças pessoais.

Creio que isso acontece com todos. Precisamos ter controle sobre as coisas básicas para alcançar o equilíbrio financeiro. Quanto estamos ganhando? Quanto estamos gastando? Quanto estamos economizando? Com o que realmente desejamos gastar nosso dinheiro? O que aconteceria no pior cenário, por exemplo, de um desastre?

Abordar com o espírito do *chōwa* (do mesmo modo como abordamos nossa casa e família) o modo como gastamos e economizamos pode nos ajudar a encontrar o equilíbrio financeiro. Quando começamos a pensar mais em nós mesmos como contadores, de olho no equilíbrio das contas, começamos a nos sentir em terreno mais firme.

Algumas das principais lições do *chōwa* deste capítulo, sobre as quais eu gostaria que você refletisse, são:

- **Pense em economizar como um ato de equilíbrio.** Mostrarei a você que economizar pode ser uma questão de rastreio consciente de sua renda e de suas despesas. Estabelecer uma meta de economia pode ajudá-lo a reservar um pouco mais a cada mês, além de ajudá-lo a considerar o lugar da decisão sobre cada gasto em sua "lista pessoal de prioridades".
- **Compre menos, dê mais.** O *chōwa* tem a ver com estar em harmonia com os outros. Isso implica repensar como nos relacionamos com o que temos – percebendo que o equilíbrio se torna genuinamente mais fácil quando não carregamos coisas demais pelo mundo – e aprender a compartilhar nossos pertences, o que nos ajuda a construir comunidades mais fortes em um espírito de sustentabilidade.

Kakeibo – o livro-caixa das finanças domésticas

Vamos imaginar que ainda estamos na casa da minha família, em Musashi. É quase meia-noite. Passamos um tempo conversando tranquilamente, na cozinha, tomando uma xícara de chá. Não percebemos quando minha mãe entrou na sala de jantar, sentou-se junto à mesinha baixa e pegou um pequeno livro. Se caminhássemos até ela e víssemos o que ela estava fazendo, a veríamos de pernas cruzadas, cercada de recibos, rabiscando números em seu livreto.

Se você lhe perguntasse o que ela estava fazendo, ela responderia que estava calculando a diferença entre suas receitas e despesas daquele mês. Esta é a base, o primeiro passo para o equilíbrio de nossas finanças domésticas. O método, e o próprio registro em si, é chamado *kakeibo*: o livro-caixa das finanças domésticas.

O *kakeibo* foi inventado pela jornalista e escritora Motoko Hani. Ela foi a primeira jornalista mulher famosa do Japão e publicou esse moderno sistema de contabilidade doméstica em 1904. Desde então, os livros *kakeibo* têm sido best-sellers.[17]

Apenas mais uma tarefa?

Manter o registro de nossas economias é apenas mais uma tarefa doméstica? Ou isso pode ser genuinamente útil?

No Japão, um dos principais motivos para manter um *kakeibo* é que nunca se sabe quando as circunstâncias podem sofrer mudanças drásticas. O dinheiro que você economiza deve ser reservado para eventos surpresa, sejam eles bons ou ruins – presentes de casamento ou pelo nascimento de um bebê, celebrar a chegada de um velho amigo que está de volta à cidade ou despesas médicas, pagamento de contas caso ocorra perda de emprego ou despesas com o funeral de um parente. Das pequenas alterações nos bônus ocasionais recebidos pelo meu pai, minha mãe reservava tudo que conseguia e colocava no *heso-kuri* (cofre de emergência).

Nas casas tradicionais e em muitas famílias japonesas dos dias de hoje, a esposa tem controle direto das finanças da família. Ela separa para o esposo uma mesada chamada de *kozukai* – uma espécie de verba pessoal. Não se trata de uma punição. É uma lição sobre equilíbrio familiar nas decisões sobre gastos tomadas em casa, em vez de espontaneamente por qualquer membro da família. Minha mãe sabia exatamente o que entrava e saía da casa da família e pedia que meu pai apresentasse seus recibos ao fim de cada semana, como uma eficiente contadora de uma empresa. Conforme nos ensina o *chōwa*, na busca por equilíbrio, fazer nossa investigação é um dos primeiros passos decisivos.

Kakeibo para iniciantes

1. **Organize suas receitas e despesas**

   - No início de cada mês, calcule sua receita (ou seja, o que você ganha) e suas despesas fixas (todos os gastos essenciais, como aluguel ou financiamento do imóvel, conta de telefone, serviços básicos – energia elétrica, água, gás etc. –, despesas com alimentação, seguros residencial e pessoal, assinaturas, cuidados com filhos, combustível e outras despesas relacionadas com carro, gastos com viagens etc.).

- Calcule a diferença entre sua receita e suas despesas fixas, para saber exatamente com quanto tem de lidar todos os meses.
- Pense de forma criativa sobre o que justificaria você economizar dinheiro – poderia ser para tirar férias ou para comprar um pequeno presente para si mesma.
- Estabeleça sua meta de economia para cada mês. Seja realista. Deixar tudo escrito estimula a disciplina e ajudará você a alcançar a sua meta (sempre ajuda ter algo concreto como objetivo a ser alcançado).
- Agora, você pode calcular a sua verba mensal:

Diferença entre receita e despesas fixas – meta de economia mensal = sua verba mensal

2. **Registre seus gastos mensais**

Ao longo do mês, anote todos os seus gastos, agrupando-os por categorias. Para essa tarefa, você pode optar por criar um documento do Excel; porém, existe algo de poderoso em fazer tudo à mão e criar um bom *kakeibo* facilita as coisas. Você se sentirá estimulado a registrar seus gastos em categorias, do mesmo modo como fazem os aplicativos modernos, da seguinte forma:

Despesas essenciais: alimentação, medicamentos, roupas, educação dos filhos etc.
Mimos: bebidas, restaurantes, roupas etc.
Cultural: livros, música, cinema, teatro, revistas, aulas de

ioga etc.
Diversos: reparos, móveis novos, presentes etc.

3. **Calcule quanto você economizou**

Ao final de cada mês, calcule a diferença entre sua verba inicial e suas despesas mensais totais. Com isso, você saberá quanto está economizando mensalmente. As bases do *kakeibo* são simples assim.[18]

Equilibrar o que é importante: como economizar para aquilo que realmente importa para você

Planejar quanto economizar a cada mês, bem como enxergar com clareza no que você gasta seu dinheiro, é mais de meio caminho andado quando se trata de alcançar o equilíbrio financeiro pessoal. Entretanto, é fácil nos vermos perdendo o controle de nossos gastos – por exemplo, tomando um cafezinho a caminho do trabalho, diariamente, ou tendo dificuldade para rejeitar um drinque após o expediente. A base do *kakeibo* é a meta de economia: decida o que é mais importante. Considere o seguinte:

- Para o que você mais deseja economizar?
- Quanto você precisaria economizar a cada mês para conseguir isso até o próximo Natal ou até o próximo verão?
- Como você poderia começar a economizar hoje, tendo em vista algo que é genuinamente importante para você?

Não tenha receio de dizer "não". Tome uma decisão sobre a sua meta de economia pessoal. Pode ser sair de férias com os amigos, dar entrada em um apartamento ou, ainda, luxos pessoais, como ir ao teatro ou ao cinema com mais frequência. Então, quando receber um convite inesperado ou sentir a tentação de gastar –, um almoço com os colegas ou uma noitada com os amigos – você será capaz de acessar melhor seu equilíbrio pessoal de prioridades. Talvez você acabe decidindo que a sua meta pessoal deve vencer.

Seja responsável por suas metas • Ao fim de cada mês, verifique a meta de economia que você mesmo estabeleceu no início do mês. Você atingiu essa meta? Se não atingiu, qual foi o motivo? Teria sido porque é particularmente difícil economizar? Por que foi tão difícil? Houve algum pagamento inesperado (como reparos, despesa com a casa ou um jantar de comemoração que você teve que preparar) que não foi computado em seu orçamento?

Seja honesto consigo mesma, mas lembre-se de também ser gentil: a cenoura (sua meta de economia, a razão de você fazer isso) é mais forte do que qualquer vara. Manter um *kakeibo* é como ter um diário alimentar, e não há razão para desonestidades. O registro mensal permitirá que você veja quais são suas áreas problemáticas.

Compartilhe suas metas com seus amigos. Não há nada melhor para ajudar você a se sentir responsável. Sentir como se você tivesse um aliado (ou uma pequena e sutil competição, se isso o motivar) pode ser uma ajuda real e um conforto em sua jornada rumo ao equilíbrio financeiro.

Minimalismo acidental – adquirir um pouco menos e compartilhar um pouco mais

Quanto mais idosa minha mãe fica, menos pertences parece precisar, e mais ela se desfaz das coisas. Ela me deu, assim como à minha filha, alguns quimonos lindos e doou o restante de suas coisas a algumas amigas.

Quando me mudei do Japão para a Inglaterra, tive que pensar com muito cuidado sobre o que era essencial para mim. Não seria possível carregar tudo que eu tinha. Por fim, levei meus quimonos, algumas fotos da família e, é claro, a minha filha. Quando meu esposo de então e eu nos mudamos para o novo apartamento em Londres, fui fisgada pela sensação que a casa me transmitiu. Parecia uma tela em branco.

Minha mãe e eu somos "minimalistas acidentais". Quando se trata de buscar equilíbrio pessoal, refletir sobre a atitude que temos em relação aos pertences pessoais é um passo decisivo. Se você alguma vez teve que viajar com um filho pequeno e várias sacolas de compras, ou se já teve que cruzar as barreiras do metrô londrino e, de algum modo, encontrar sua passagem na bolsa sem derrubar nada do que estava segurando, entenderá o que quero dizer ao afirmar que, quando estamos menos carregados, achamos o equilíbrio mais facilmente.

Menos amarras facilita empreender mudanças maiores, sejam elas iniciar um novo relacionamento, mudar de função no trabalho ou mudar de país.[19]

Você não precisa de objetos para competir com outras pessoas (nem consigo mesma) • Diz-se que o primeiro imperador do Japão recebeu do céu três tesouros sagrados: uma espada, um espelho e uma joia. As pessoas comuns também têm seus próprios "três tesouros". Após o *boom* do pós-Segunda Guerra Mundial, a vasta maioria das casas japonesas tinha uma televisão, uma panela e uma lavadora. Esses objetos do dia a dia tornam a vida muito mais fácil, além de melhorarem imensamente a vida das famílias japonesas. Entretanto, desde então, em algum ponto no caminho, comprar coisas novas parou de ser algo que poderia nos ajudar e passou a ser um novo modo de mostrarmos aos outros (e a nós mesmos) quem somos. Um telefone novo para mostrar como somos modernos. Uma carteirinha da academia para mostrar o quanto estamos comprometidos com nossa boa forma.

O meu conselho é não se preocupar em sinalizar coisas sobre si aos outros. Livre-se do que você retém por aparência. Quando se livrar daquela jaqueta espalhafatosa que você nunca irá vestir, ou se desfizer daquele último livro que você simplesmente não consegue ler, estará livre da bagagem de competir com as outras pessoas – e outras versões de si mesma. Encontrar seu senso pessoal de equilíbrio envolve deixar de lado não só coisas, mas também os "egos" dos quais já não precisamos e que ficamos melhor sem.

Compartilhe mais • Pensar em nossas atitudes em relação aos nossos pertences por meio do *chōwa* nos lembra que não podemos alcançar o equilíbrio sozinhos. Nosso senso de equilíbrio está entrelaçado com as vidas de outras pessoas e com o mundo natural. Todos nós fazemos parte de um ecossistema maior. E assim também é com as coisas que adquirimos. Quando começamos a incluir os outros na equação do que adquirimos, começamos a nos abrir à ideia de uma economia mais social. Paramos de pensar em nós como ilhas e passamos a nos ver como indivíduos com coisas a compartilhar, bem como coisas a emprestar, a partir de nossas comunidades.

O compartilhamento ativo constrói comunidades. Quando paramos de nos apegar ao que adquirimos e começamos a deixar outras pessoas entrarem naquilo que importa para nós, podemos começar a construir uma vívida comunidade de pessoas com interesses comuns. Quando cheguei na Inglaterra, percebi que não havia nenhuma comunidade japonesa. Entretanto, pouco a pouco, me vi emprestando meus quimonos, ou tomando emprestado algum equipamento para uma cerimônia do chá, ou mesmo compartilhando doces tradicionais japoneses com meus vizinhos. A partir do momento que começamos a compartilhar aquilo que é importante para nós, cultivamos nossas famílias estendidas e aprendemos a viver em harmonia com as pessoas.

Lições do *chōwa*:
Equilibrar a carteira

Suas prioridades
- Você gosta de tudo que compra regularmente? Xícaras de café? Idas ao cinema? Drinques com os amigos? Você tem algum hábito que, pensando bem, não justifica o dinheiro que você gasta com ele? Acha que poderia economizar o

dinheiro que gasta com essas coisas para comprar o que realmente ama?
- Quais serviços você assina? Está inscrita em uma academia? Usa serviços de entretenimento? Classifique-os em um ranque e defina quais são mais importantes para você. Existe algum que não lhe faz falta?

Metas de economia
- Para o que você quer economizar? Para o que você gostaria de dispor de recursos em 6 meses ou 2 anos? Liste alguns motivos para economizar dinheiro – dê a si mesmo razões poderosas para "equilibrar a carteira".
- Use o método *kakeibo* para começar a estabelecer metas realistas de economia mensal.
- Após um mês, avalie seu desempenho. Se as suas metas forem difíceis demais, tente estabelecer metas mais realizáveis. Se seu desempenho no primeiro mês foi bom, pode ser que você se sinta motivado a fazer cortes maiores nos gastos. Faça o que for preciso para avançar com dinamismo.

4

ENCONTRE SEU ESTILO

"Removendo uma camada,
Lanço-a por cima do ombro.
É tempo de trocar de roupa."
— Matsuo Bashō (1644 -1694)[20]

Durante toda minha infância, vi minha mãe trabalhando em casa, reparando quimonos e roupas ocidentais. Na época em que senti que estava abandonando a casa e a família, meus quimonos se tornaram uma forma importante de lembrar quem eu era. Adquiri o hábito de usar um quimono em público pelo menos uma vez por semana. Eu poderia tanto usar um quimono radiante de primavera para ir a um *country pub*, como um quimono de verão leve para passear de metrô. É um prazer compartilhar a beleza elegante e atemporal desses trajes com outras pessoas. Embora exija certo planejamento – já que se arrumar com um quimono demora um pouco mais –, sei que o esforço extra para surpreender e encantar meus camaradas londrinos vale a pena. Aprecio a satisfação de ter minhas roupas em perfeito estado e me orgulho de manter essa tradição viva. Não gasto todo o meu tempo vestindo um quimono, mas esse item tradicional da moda japonesa tem muito a nos ensinar sobre estilo. O quimono em si é inspirado por um espírito real de *chōwa*: não só as cores de cada quimono se harmonizam belamente entre si, mas também o ato de vestir um quimono é, em seu âmago, um ato de se vestir em harmonia com a natureza e pensando cuidadosamente nos efeitos do nosso estilo sobre os outros. Usando um quimono, temos mais consciência do que "dizemos" com aquilo que vestimos.

Entretanto, as lições que o *chōwa* tem a nos ensinar sobre encontrar nosso estilo não são sobre adequação e obediência a regras – ou à maioria – ou sobre pular em uma nova tendência para acompanhar a moda. Não é isso que quero dizer com "harmonia com os outros". O *chōwa* pode nos ensinar sobre o poder que advém da confiança e do orgulho que temos daquilo que realmente é importante para nós. Pode ter a ver com nos perguntarmos o que nos faz sentir e parecer com o melhor em nós. Independentemente do que você vista – e você pode ter mais de um estilo –, o *chōwa* propõe meios de pensar mais profundamente em enraizar-se naquilo que é importante para você, de modo a ganhar confiança para compartilhar seu jeito de ser com os outros e aprender a sentir a sensação de satisfação que resulta de abraçar o que se é.

Eis algumas lições-chave deste capítulo:

- **O estilo é uma busca por equilíbrio.** Neste capítulo, compartilharei algumas ideias sobre como desenvolver uma sensibilidade artística em relação às cores que compõem nosso guarda-roupa e a tratar o estilo em si como um ato de *chōwa* – uma forma de buscar equilíbrio em cada traje.

- **Como se enraizar.** Compartilharei o que o *chōwa* pode ensinar a você sobre encontrar seu lugar no mundo natural, vestir-se em harmonia com os outros, enraizar-se em sua herança e história natural e se perguntar o que verdadeiramente importa para você.

- **Fazer o que você ama e amar o que você faz.** O *chōwa* nos ensina a fazer um balanço de nossos pontos fortes e trabalhar com o que temos à nossa disposição – seja um item de vestuário (que pode ser um tesouro de segunda mão), uma característica (por exemplo, determinação ou criatividade), uma paixão (um entusiasmo por desenho animado japonês, artes e manualidades, por exemplo), ou até mesmo o amor por uma estação do ano ou uma cor favorita. Para descobrir nosso estilo, não precisamos mudar nossos interesses nem descobrir novos que nos tornem mais aceitáveis ou interessantes aos outros. Descobrir um estilo tem a ver com encontrar coragem para compartilhar o que importa para nós com os outros, sejam quais forem nossos interesses. Quando nos sentimos confortáveis em nossa pele, relaxamos muito mais em meio às outras pessoas.

Quimonos – mil anos de moda

A história do quimono, cujo significado literal é "o que se veste", remonta ao elaborado vestuário formal da corte japonesa do período Heian, há mais de mil anos. Entretanto, o quimono como o conhecemos hoje está mais estreitamente relacionado ao *kosode*, um traje de mangas curtas popular na era Edo, no século XVII. Naquele tempo, o que mais tarde veio a se tornar conhecido como quimono era vestido por quase todos os habitantes do Japão, independente da idade, sexo ou classe social.

Um quimono é um robe semelhante a um vestido longo, com um corte em "T" clássico. O comprimento das mangas varia do longo e solto (para as solteiras) a um corte mais curto (para as casadas). O quimono moderno geralmente é usado por mulheres, porém a versão unissex de algodão para o verão, o *yukata*, também é popular entre os homens. Os padrões variam amplamente. Podem ser coloridos e incrivelmente elaborados (com os famosos trabalhos artísticos ou linhas de poesia) ou simples e elegantes. São amarrados com um *obi* (uma faixa de tecido de seda, algodão ou linho) ao redor da cintura. Embora o corte do quimono tenha permanecido o mesmo, o que costumava revelar a posição social de quem o usava era o estilo, as cores e o valor dos tecidos empregados na confecção do quimono. Na era Edo, havia regras complexas que ditavam qual quimono era apropriado para quem o vestia e para cada estação do ano.

Nas décadas de 1950 e 1960, o quimono começou a desaparecer das ruas tumultuadas de Tóquio. As pessoas da geração da minha mãe se interessavam bem mais pela moda ocidental. No Ocidente, porém, o quimono já começara a produzir um impacto maior no estilo cotidiano. Nos anos 1920, Elsa Schiaparelli havia introduzido um estilo de "corte e caimento" menos ajustado, conscientemente inspirado no quimono. As peças *avant-garde* de Yohji Yamamoto, nos anos 1980, eram pretas e enrugadas nas extremidades, porém ainda era possível reconhecer o traje usado pelos japoneses na era Edo.

Hoje os quimonos são vestidos simples de corte retangular e blusas vendidos em lojas situadas em avenidas famosas, como a

Muji, e de marcas escandinavas como a Cos. O quimono tem se mostrado notavelmente resiliente. No Japão, os jovens *designers* estão libertando ainda mais o quimono, com novas tendências e padrões empolgantes. Recentemente, usar o quimono da mãe em ocasiões especiais tem se popularizado.[21]

O estilo como "busca por equilíbrio"

Escolher e vestir um quimono é uma constante busca por equilíbrio, um esforço extenuante e, ao mesmo tempo, compensador para garantir que todos os elementos em sua vestimenta estejam em harmonia. Acredito que algumas lições que aprendi com o uso do quimono são igualmente aplicáveis à moda moderna.

Encontrar o equilíbrio no modo de se vestir, camada por camada • Se você já teve a chance de ler obras clássicas da ficção japonesa, como The pillow book (*O livro do travesseiro*) ou The tale of Genji, perceberá que as mulheres estão frequentemente escondendo o rosto por trás de um leque ou se escondendo atrás de uma tela de bambu, em particular se potenciais pretendentes estão por perto. Uma mulher que vivia no Japão daquela época – durante o período Heian, de 794 a 1185 – era admirada acima de tudo por sua capacidade e habilidade em algumas artes tradicionais: escrever poesia, conversar com as visitas, o modo de compor seu vestuário. Na corte, às vezes, a reputação de uma mulher de escolher belos trajes ou um vislumbre de suas combinações de cores bem escolhidas através de uma porta de painel *shōji* eram suficientes para conquistar o coração de um potencial amante. O traje em múltiplas camadas – do qual, acredite se quiser, o quimono era apenas uma delas – dava às mulheres muitas opções para criar combinações de cores agradáveis e, por vezes, chocantes. Do mesmo modo, os homens também tinham que criar combinações de cores estimulantes e interessantes para demonstrar criatividade e sensibilidade, além de riqueza material. Ao comparecer a uma reunião de primavera usando um traje nas cores rosa e lavanda belamente combinadas, o príncipe Genji causou bastante agitação entre as jovens damas (e cavalheiros) presentes.[22]

> **Usar camadas para conseguir um estilo quintessencialmente japonês.** Montar trajes com camadas de peças de vestuário é incrivelmente prático: uma blusa de qualidade, mesmo quando feita de material mais apropriado para o verão, pode ser usada sobre uma camiseta ou camisete e com uma jaqueta mais quente; assim, as suas peças favoritas não terão que ficar mofando no armário durante o inverno. As camadas permitem que nós nos ajustemos muito melhor ao clima externo, grau a grau, até alcançarmos o equilíbrio.
>
> **Usar camadas para demonstrar um gosto excelente.** Podemos mostrar tanto a nossa criatividade como a nossa sensibilidade às estações misturando e combinando cores e padrões convenientes à época do ano.

Encontrar praticidade e conforto no que se veste • Não pensamos muito em conforto quando decidimos o que vestir. No Japão, um look "ajustado" – não tão justo nem tão folgado – é essencial. Quando me perguntam se o quimono é confortável para se mover, as pessoas ficam surpresas ao me ouvirem responder que ele é perfeitamente confortável. Embora você tenha que se mover um pouco mais devagar ao usá-lo, o quimono não é restritivo – diferente do espartilho em estilo vitoriano, por exemplo. De fato, os quimonos são um pouco justos, mas não são apertados demais.

A sensação de desequilíbrio e despreparo pode ter origem simplesmente na falta do que precisamos ter quando necessitamos: atrapalhar-se com um ticket ou não ter uma bolsa para guardar documentos importantes e o livro quando se é prensado em um trem de metrô lotado. Encontrar nosso equilíbrio naquilo que vestimos pode ser simplesmente uma questão de valorizar mais a conveniência e a praticidade. Quando visto um quimono, coloco o lenço e o porta-cartões em minha manga. Posso guardar cartas e até um livro pequeno no *obi* – além de um leque para os dias quentes.

- Quais itens do seu armário fazem você se sentir preparado para qualquer coisa?

Conforto ou beleza

Quem veste um quimono pela primeira vez costuma lutar com o *obi*. Confeccionado normalmente com um material natural, como algodão, linho ou seda, o *obi* é amarrado firmemente ao redor da cintura. Quando minha filha estava sendo arrumada para usar um quimono pela primeira vez, arquejou em resistência quando amarraram o *obi* em torno dela. A pessoa que a estava preparando exclamou: "Você tem que aguentar!".

No entanto, embora possa parecer contraintuitivo, o *obi* é colocado para nos proporcionar conforto. O estilo de vida sedentário, em que se passa o tempo olhando o celular ou sentado atrás de uma mesa, debruçado sobre o computador, leva as pessoas a adquirirem maus hábitos posturais que impõem uma grande carga de estresse e tensão aos músculos dorsais. O truque para ter uma postura melhor é usar o mínimo possível os músculos que com frequência acabamos requisitando para trabalhar duro por nós. Quando meu *obi* está fortemente apertado, sempre tenho a sensação de um tipo diferente de tensão. Esse tipo de verticalidade, que no passado era bastante natural para pessoas que não passavam a vida sentadas atrás de uma mesa, me faz pensar "Ah, é assim que eu devo me posicionar quando estou de pé".

Cuide de suas roupas • No Capítulo 1, falamos sobre descobrir o tipo de cuidado que precisamos ter com os materiais que constituem nossas casas, seja ao cuidar de um tapete de fibras naturais ou de uma mesa de madeira. Devemos cuidar deles para que possam nos servir melhor. Esse mesmo equilíbrio devemos alcançar com nossas roupas.

Com frequência, me pego conversando com minhas roupas, na minha cabeça, fazendo uma promessa silenciosa para elas. Digo: "Obrigada pelo serviço que têm me prestado. Prometo tentar ao máximo não sujá-las, e ajudá-las a ter uma vida longa e feliz". Quanto mais tempo conseguimos fazer nossas roupas durarem, melhor é para o planeta. Quanto menos roupas compramos e mais tempo reservarmos para consertar roupas antigas e prestar atenção na condição das roupas que compramos, menos fomentamos a "moda rápida" e menos precisamos comprar novos itens apenas para ter roupas limpas e em bom estado.

Depois de usar um quimono, eu o penduro em um cabide especial para quimonos e o deixo arejando até o dia seguinte. Os quimonos não podem ser lavados com frequência – para fazer isso, temos que despregar as partes retangulares, lavá-las separadamente e então costurá-las novamente. Seja qual for o tipo de roupa que usamos, um pouco de cuidado pode mantê-las em seu melhor estado.

> **Prepare-se com antecedência.** Lembre-se, quando se trata de harmonia com o que vestimos, o *chō* do *chōwa* também assume os significados de "preparação" e "prontidão". Adquira o hábito de checar suas roupas. Você se sentirá mais preparado para enfrentar o dia se tiver inspecionado suas roupas na noite anterior, em vez de notar um vinco ou buraco inesperado na calça imediatamente depois de cruzar a porta de casa.
>
> **Trate suas roupas com carinho.** Não jogue as roupas na cama ao final do dia, nem as deixe empilhadas no chão. Imagine como suas roupas se sentem. Será que elas realmente estão contentes por ficarem amarrotadas na prateleira de um guarda-roupa velho ou abarrotadas e apertadas em cabides por falta de espaço?

Estilo harmonioso:
vestir-se de acordo com o tempo, lugar e ocasião

Quando alguém veste um quimono da maneira tradicional, em geral é necessário consultar um livro de etiqueta para saber o tipo de quimono adequado para cada tempo, lugar e ocasião.

Os guias sobre quimonos dão ênfase especial ao vestir-se em harmonia com o momento:

- Tempo – considerar a época do ano, a estação, o clima.
- Lugar – considerar aonde você vai.
- Ocasião – considerar se é formal ou informal, ou se é um evento especial, como um casamento (e levar em conta as pessoas que provavelmente também estarão lá).

As mesmas lições de *chōwa* que destacam o uso dos quimonos – vestir-se em harmonia com as outras pessoas, com a época do ano e de maneira apropriada para eventos e cerimônias específicas – podem nos dar ideias para equilibrar nossos guarda-roupas, seja qual for nosso estilo.

Tempo: encontrar equilíbrio com a natureza • Existem regras que governam o uso dos quimonos, e alguns só podem ser usados em certos dias do ano.

Quando as japonesas usam quimonos, se esforçam ao máximo para conseguirem *shizen ni awaseru* (estar em harmonia com a natureza). Espero que você consiga aproveitar a inspiração do design de padrões e cores sazonais dos quimonos japoneses para experimentar por conta própria.

> **Inverno** – Em geral, usa-se um quimono forrado, com combinações de cores ricas e brilhantes, às vezes até mesmo com cores contrastantes, como tons de verde-escuro com laranja brilhante, ou vermelho com branco (como flores ou frutinhas de cor vermelha na neve).

Primavera – As cores tendem a ser claras e frescas, como rosa-claro com branco e verde; púrpura com branco; um amarelo-narciso brilhante com um amarelo um pouco mais escuro e dourado. No início da primavera, pode-se usar padrões de ume (flor de ameixa) e sakura (flor de cerejeira). Os padrões florais são adequados para serem usados durante toda a primavera.

Verão – A tendência é usar quimonos confeccionados em usumono (um tecido transparente). O verão japonês é muito quente e úmido, por isso considera-se que a visão de padrões em tons azuis frios no quimono de alguém – como uma onda no oceano, a chuva ou até flocos de neve caindo – transmite ao observador uma sensação de frescor, como sentir a brisa do oceano em um dia quente. O verão também é a estação em que homens e mulheres vestem o *yukata*, um quimono de verão mais casual.

Outono – Nesta estação, os quimonos também são confeccionados com tecidos leves. As cores devem remeter a cenas outonais – folhas caindo ou a luz do sol por entre as árvores –, em tons de púrpura, vermelho, alaranjado e amarelo.

Um alerta: considera-se grosseiro e de mau gosto, por exemplo, usar um quimono com estampa de flor de cerejeira durante a época do ano em que as cerejeiras estão floridas. Em vez de estar em harmonia com a natureza, isso é visto como algo que está competindo com a natureza. E a natureza em si, a coisa real, sempre vence.

Tento me antecipar quando se trata de vestir roupas para a primavera e o verão. Meus amigos riem ao me verem usando roupas de verão quando falta mais ou menos uma semana para o tempo começar a esquentar. Mas existe algo de encantador em trazer a mudança das estações para eles.[23]

Vestir-se em harmonia com as estações não significa que você tem que sair e comprar o último lançamento *must have* em casacos de outono ou vestidos de verão. Na verdade, isso pode ajudar você a se tornar mais resistente à montanha-russa da "moda rápida". Para extrair nossas inspirações da natureza, podemos começar aprendendo a fazer sobreposições com itens que já temos, em vez de deixarmos as revistas de moda decidirem o que vamos usar na estação. Respire o ar que vem de fora e pense qual item de seu guarda-roupa está pedindo para ser usado hoje. Embora isso signifique cuidar de suas peças mais preciosas para poder alterná-las de maneira sazonal, esse esforço vale a pena pelo serviço que essas peças lhe prestarão, ano após ano.

Lugar – estar adequado à atividade que realiza ● No Japão, acreditamos que cada aspecto de nossa vida tende a demandar algo que é muito diferente de nós, e que isso se reflete no modo de vestir das pessoas. É verdade, sem dúvida, que as pessoas que vivem no Ocidente podem usar um terno e sapatos versáteis para irem trabalhar na parte da manhã, e então vestir algo mais confortável para ficar em casa à noite. Entretanto, as divisões entre os trajes para os diferentes papéis que exercemos e lugares que habitamos são um pouco mais gritantes no Japão. A roupa de trabalho é tipicamente mais formal. O *loungewear* é mais explicitamente feito para ser usado para relaxar. Quando estou no Japão, troco de roupa pelo menos três vezes por dia. Embora isso possa parecer exagero, não é incomum, e as roupas são ajustadas de acordo com cada "lugar" para o qual nos vestimos:

- O vestuário para usar em casa é chamado *heya-gi*. As peças tendem a ser soltas, largas e casuais – calças descontraídas e largas, blusas com capuz, ou robes e vestidos para sobreposição, confortáveis e grandes, confeccionados com material macio. Existem até roupas que são feitas em pares combinados para casais usarem em casa, se vocês quiserem ser especialmente encantadores.
- O vestuário do dia a dia é chamado *fudan-gi*. São peças que tendem a ser práticas e versáteis, do tipo que se pode usar para ir ao centro ou encontrar um amigo.
- A roupa de trabalho é chamada *shigoto-gi*. No Japão, o vestuário de trabalho tende a ser clássico, mais formal do que na Grã-Bretanha e em outros países ocidentais. Para os homens, terno e gravata são itens obrigatórios na maioria dos locais de trabalho (excluindo-se as gravatas chamativas e camisas pink). As mulheres usam sapatos de salto alto, saias retas e versáteis na altura dos joelhos, e meia-calça em tons neutros.

Tudo isso pode soar um pouco regrado – e, até certo ponto, concordo que seja. Algumas pessoas, quando pensam no Japão, imaginam fileiras de "assalariados" identicamente vestidos esperando o trem na estação, ou crianças em idade escolar obedientes e uniformizadas, sentadas eretas e prontas para aprender. Esses estereótipos, porém, mascaram a história mais empolgante da paixão pela moda dos japoneses comuns.

No Japão, o estilo popular sempre veio da base. Não é porque os camponeses usavam trapos e os nobres eram os únicos que usavam roupas deslumbrantes. As famílias rurais usavam roupas de algodão, sendo que algumas vestiam roupas de seda. Até mesmo as jardineiras usadas para trabalhar na roça e os aventais usados pelos ambulantes nas ruas eram projetados e ajustados de acordo com seus propósitos. Havia uma forte apreciação por beleza, diversão e amor pelas roupas usadas em momentos de lazer, ocasiões formais e trabalho, quaisquer que fossem os antecedentes das pessoas. Hoje, os japoneses bateram os ocidentais em termos de orgulho ou até valorização dos uniformes de suas empresas, em particular com relação à escolha da gravata, ou até mesmo pelas escolhas de moda peculiares para momentos fora do trabalho – como em participações de convenções de anime, em que as pessoas podem ser vestir como seus personagens favoritos de anime ou de jogos de computador (um passatempo conhecido como *costume-play* ou *cosplay*, atualmente popular no mundo inteiro). Entretanto, lembre-se de que toda essa paixão pelo vestir tem origem em um entusiasmo real por moda e estilo, bem como em um sentimento genuíno de orgulho pelo modo como essas pessoas vivem a vida.[24]

Para mim, todos nós podemos aprender com essa ideia de moda indiscutivelmente mais democrática – impedindo que nos digam o que vestir e começando a pensar em nosso estilo a partir de uma posição de respeito: respeito por nós mesmos e pelo que fazemos. Há criatividade e disciplina em ajustar o que vestimos a diferentes partes de nossa vida, seja o que for que façamos para viver.

Ocasião – encontrar equilíbrio com os outros ● Diz-se que certas estampas, como flocos de neve ou chuva caindo em tons frios de azul, produzem um efeito de resfriamento nas pessoas que estão ao redor apreciando a sensação glacial que elas transmitem. Emanar uma pequena lembrança da mudança das estações ou compartilhar sensações com as pessoas por meio das roupas que vestimos tem tudo a ver com os quimonos: uma sensação de refrigério no verão, da beleza temporária primaveril nos motivos de flores de cerejeira, ou uma sensação de nostalgia nos padrões de folhas secas do outono.

Para alguns leitores, essa ideia de se vestir em harmonia com os outros pode parecer coisa de outro mundo. No Ocidente, fala-se com frequência em *fashion statement* – quando nossas roupas dizem algo excitante e exclusivo sobre nós. O *chōwa* não imprime a nossa expressão individual, mas nos encoraja a nos afastarmos dos *fashion statements* e nos aproximarmos das *fashion conversations*. Pensar no que nossas roupas estão dizendo também requer que prestemos atenção àquilo que as outras pessoas estão vestindo, do mesmo modo como se vestir em harmonia com a natureza requer que prestemos atenção nas estações do ano. Mostrar sensibilidade em relação ao modo de vestir dos outros e contribuir para uma discussão mais ampla e vívida é tão importante para demonstrar nossa criatividade e estilo quanto escolher o traje mais berrante que temos.

Pensar sobre o que vestimos através das lentes do *chōwa* não é apenas uma questão de adequação. Tem a ver com ter consciência da impressão que estamos criando com as roupas que vestimos.

Esqueça a linguagem de competição, rivalidade e intimidação incutida por revistas e propagandas de moda. Tente elogiar as pessoas pelas roupas que estão usando, criando deliberadamente uma atmosfera de confiança feliz e casual com aquilo que você veste.

Encontrar seu estilo

Embora o quimono possa ser renovado por sua elegância atemporal, regras intrincadas e relação especial com a natureza, a moda japonesa também é famosa por sua originalidade. Seus padrões, cortes e cores podem ser altamente estilizados – pense na moda das ruas de Tóquio, como o estilo hipergracioso *kawaii*, caracterizado pelos tons pink chocantes, babados e acessórios decorados com personagens de *anime* e da cultura pop – ou minimalista e despojado, como as vestes desgastadas e inspiradas no quimono do designer Yohji Yamamoto, cortadas a partir de uma única peça de tecido.

Quaisquer que sejam os designs ou estilos que atraem as pessoas, acredito que a originalidade do estilo japonês advenha do choque entre uma cultura de "se vestir de acordo com as regras" e as tentativas de rompimento. No Japão, parece que somente os mais destemidos e apaixonados conseguem encontrar coragem (e tempo) para serem diferentes. A vida diária no Japão pode ser bastante restrita e controlada. Quando eu era jovem, os professores costumavam andar pela sala de aula com uma régua na mão, para checar o comprimento da saia das alunas. E, até hoje, todos os jovens que se preparam para entrevistas de emprego devem cortar o cabelo da mesma forma (o conhecido "corte de novato") e usar um tipo específico de terno (conhecido como "terno de novato").

Muitos jovens japoneses residentes no Japão temem expressar aquilo que faz deles diferentes. O medo de ser incomum é particularmente pronunciado no Japão, mas às vezes todos nós achamos difícil conciliar o papel que acreditamos ter na sociedade com o que gostaríamos de expressar sobre nós mesmos.

Nesta seção final do capítulo, quero focar naquilo que o *chōwa* pode nos ensinar sobre fazer as coisas à nossa maneira. Confiar em nosso estilo e aprender a manter o que nos diferencia pode nos ajudar a descobrir quem realmente somos. Então, tudo que precisamos fazer é encontrar coragem para compartilhar isso com os outros.

Enraizar-se descobrindo o que realmente se ama • Pode ser difícil de acreditar, mas, salvo algumas substituições e reparos, foram raras as ocasiões em que saí para comprar roupas nos últimos 25 anos.

Quando me casei pela primeira vez, fui levada, por parentes do meu esposo, a Paris. Foi a primeira vez que estive na Europa. As roupas vendidas nas boutiques parisienses que visitamos me tiravam o fôlego – os padrões, tecidos e cores eram estranhos demais para mim. Era como olhar obras de arte estrangeiras. Ainda tenho algumas das belas roupas que comprei naquela viagem, e elas continuam sendo tão belas quanto eram quando as comprei. Há quem diga que meu gosto para roupas é antiquado, mas acontece que acredito que as coisas belas são belas para sempre.

Minha mãe assinava religiosamente algumas revistas de moda japonesas. Viver na remota fazenda de minha avó implicava em pouquíssimos meios de entretenimento para minha mãe, além de ir ao cinema uma vez por mês. Então, ela gastava todo o dinheiro que ganhava costurando quimonos e trabalhando em um hospital em roupas bonitas. Ela mostrava a foto de um vestido bonito à costureira local e pedia: "Você pode fazer esse vestido para mim?". Hoje, minha mãe já passou dos 80 anos e não tem mais oportunidade de usá-las, por isso as deu para mim. Entre essas roupas, está um casaco de lã azul-marinho com gola listrada de cinza e branco feito sob encomenda, além de dois trajes – um preto com um luxuoso forro de seda e outro púrpura-escuro deslumbrante. Quando uso esses ternos com cerca de 60 anos, ajustados para minha mãe e que servem quase perfeitamente em mim, sinto-me um pouco como se minha mãe estivesse aqui, comigo.

Um de meus quimonos favoritos pertenceu à minha avó. Ele tem uma libélula nas costas. A libélula tem um significado nas artes marciais, pois é conhecida por sua visão de 360 graus. Podemos imaginar porque, para um guerreiro, ter um campo visual amplo – que permita ver tanto o que está atrás como o que está na frente – seria um recurso valioso. Sempre que sinto necessidade de me arrumar para um evento importante, em que terei que estar o mais alerta possível, visto esse quimono. Ele ajuda a me sentir enraizada e estável, um pouco como se minha avó estivesse me protegendo.

- Você tem alguns itens de vestuário que carregam um sentido de história? Esses itens foram usados por uma irmã ou irmão mais velhos ou adquiridos em uma loja *vintage* e você os considera especiais? Caso ainda não tenha usado essas peças, consegue pensar em algumas formas de incorporá-las ao tipo de traje que você usa no dia a dia? Não há nada como a sensação de vestir uma peça que faz parte da sua história pessoal, para lembrar exatamente quem você é.

- Você já considerou quais itens de vestuário lhe fazem feliz? Pergunte-se o motivo pelo qual esses itens lhe alegram tanto. O que há neles que faz você se sentir estimulado a usá-los, ou mais relaxado, ou mais você mesmo? Agora, tente fazer a mesma coisa com as roupas que não trazem a sensação de felicidade. Pergunte-se por que você não gosta de vesti-las. São formais demais? Você sente que esses itens não dizem o que você quer dizer sobre si mesmo?

Estilo é compartilhar o que você ama com os outros • Na última vez que minha filha e eu fomos ao Japão, ela comprou uma revista para ler no trem. O título da revista era *Tsurutokame* ("a garça e a tartaruga"). É uma revista de moda e estilo de vida, voltada tanto para pessoas mais maduras quanto para os jovens que buscam inspiração a partir de um senso de moda retrô peculiar. A revista estava repleta de imagens de cidadãos de gerações antigas, muitos deles trabalhadores do campo, artesãos e ambulantes. O texto os descrevia – o orgulho que sentiam de seu trabalho ou de seus hobbies, além de uma lista obscuramente cômica sobre a quantidade de medicação que tinham que tomar a cada dia. Uma imagem de página inteira mostrava um cavalheiro idoso piscando, enquanto olhava por cima do ombro, montado em sua *scooter* elétrica, em uma pose ao estilo do filme *Easy rider* (Sem destino, 1969). Havia um *close* da face enrugada de uma mulher, a testa franzida enquanto engolia o macarrão, completamente alheia à presença do fotógrafo que lá estava. Uma mulher sorridente, mostrando seu proeminente dente de ouro. O que amarrava todas as imagens era o quanto os modelos pareciam estar felizes e confiantes. Não era apenas o que eles usavam. Não importa o quão inusitado eram seus hobbies, ou seus estilos de vida ou poses – relaxando nu em uma fonte termal ou fazendo careta com o corpo encostado na cerca de um jardim em atitude de estrela do rock –, eles eram muito cheios de vida. Todos eles tinham estilo.[25]

No Japão, as pessoas têm muito respeito pelos cidadãos mais velhos, ainda que sejam excêntricos. Contudo, às vezes, me pergunto se isso não se dá às custas dos jovens, que não devem demonstrar suas excentricidades nem caprichos. Espera-se que os jovens entrem na linha, sigam as regras e vivam ordenadamente as mesmas vidas regimentadas que as pessoas da geração precedente viveram. Alguns jovens resistem à conformidade e se orgulham daquilo que os faz se destacarem. Entretanto, muitos jovens japoneses, que amam a moda da contracultura, o estilo *cosplay* ou *kawaii*, sentem-se pressionados a se conformarem com o antigo conjunto de valores – ao menos exteriormente. Para não constrangerem os pais nem receberem uma bronca dos vizinhos idosos, eles colocam suas roupas e acessórios mais ousados em uma mochila, saem de fininho e pegam o primeiro trem para o centro da cidade, onde irão se trocar em um banheiro público. Esses jovens não devem ser acusados de nada – estão apenas fazendo o melhor que podem para conciliar as expectativas da comunidade com o desejo de fazerem suas coisas. Também não se pode culpar os vizinhos. Mas não consigo deixar de pensar que toda essa clandestinidade e vergonha são um desperdício de oportunidade.

Não seria maravilhoso se pudéssemos começar a ter discussões mais produtivas uns com os outros sobre o que nos move, de modo a podermos parar de esconder e começar a compartilhar mais? Não consigo ver outra forma de promover uma harmonia duradoura que não seja aprendermos a compartilhar, bem como apreciar o que é a paixão de outras pessoas.

Aceitar o que torna você diferente dos outros e lidar com isso • Não importa o quanto as pessoas adorem quando visto um quimono em Londres, é inegável que isso me diferencia. As pessoas podem dizer: "Que traje único! De onde você é?". Uma afirmação dessas quase sempre tem significado positivo, mas pode ser difícil aceitá-la como um elogio. No Japão, a palavra "único" tem uma conotação fortemente negativa: dizer que "seu estilo é único" é interpretado como um apontamento discretamente desagradável ("ela está fazendo algo *realmente* inusitado").

Consegui aceitar meu estilo "único" perguntando a mim mesma o que realmente me fazia feliz quando vestia um quimono. Embora isso significasse parecer diferente das pessoas que viviam em Londres, o que havia no ato de usar um quimono que eu não podia abrir mão?

O que me ocorreu foi um sentimento. Vestir um quimono em Londres me dá a mesma sensação de verticalidade e conforto que sinto quando o visto no Japão. Mantém a minha barriga para dentro e a minha coluna ereta. Sinto quase como se deslizasse pelo mundo. Usar um quimono também faz eu me sentir orgulhosa e feliz por ser japonesa. Isso pode ser útil, por exemplo, quando um grupo de turistas japoneses perdidos em Leicester Square se aproxima de mim por causa de minhas roupas, e eu normalmente consigo ajudá-los a encontrar o lugar que procuram, qualquer que seja o destino deles.

Quando começamos a lidar com o sentimento que nos torna diferente dos outros – mesmo quando esse sentimento nos torna únicos –, isso de fato pode nos ajudar a encontrar nossa tribo. E isso pode ser uma ótima sensação, em particular quando somos encontrados por pessoas que estão lutando por seus estilos ou que se sentem literal ou metaforicamente perdidas.

Passamos a vida vivendo lado a lado com outras pessoas. Orgulho. Confiança. Coragem para aceitar quem somos – esses são valores poderosos. Quando lidamos com o que nos diferencia, emitimos aos outros um poderoso sinal exterior de comprometimento interior: o de aceitar o que torna as outras pessoas diferentes também.

Não basta se destacar – é preciso sobressair sempre • Um provérbio comum no Japão é *deru kūi wa utareru* (algo como "o prego saliente é martelado de volta"). É escrito com os seguintes caracteres:

出る杭は打たれる

Esse provérbio costuma ser usado para sugerir que, no Japão, é difícil ou até errado se destacar, seja de que modo for. A reação ao menor desvio a essa norma é a resistência, ou até mesmo a repugnância. Há algo de violento na imagem que o provérbio sugere, não? Em especial, se nos imaginarmos como "pregos". É duro evitar o fato de que, no Japão, esse provérbio às vezes soa verdadeiro. Existe um certo tipo de pessoa que tem prazer em dizer aos outros o que eles deveriam fazer. Se temos que mudar as coisas para melhor, em particular quando se trata do modo como a sociedade franze a testa para certos estilos ou modos de viver ou amar, a nossa melhor esperança é não só sobressair um pouco, mas sobressair o tempo todo, para que ninguém possa fazer nada contra nós. Precisamos brilhar.

Ao longo da minha vida, sempre fiz as coisas do meu jeito – sempre me destaquei – e muitas vezes fui intimidada e criticada por agir assim. Na escola, eu era terrivelmente intimidada. E mesmo quando deixei o Japão, uma vez que continuava fazendo as coisas do meu jeito, era vista por certos membros da comunidade japonesa em Londres como uma mulher difícil, alguém que fazia as coisas de maneira peculiar. Criar a minha instituição de caridade, em particular, chamou ao tipo errado de atenção, de pessoas que pensavam que eu deveria aparecer menos. As coisas nem sempre são simples.

Eu tinha um pesadelo recorrente de que estava de volta à escola dos meus tempos de infância, sendo zombada por um bando de provocadores. Em um momento de tristeza, já na fase adulta, esse pesadelo voltou justo quando parecia que eu tinha conseguido me estabelecer na Inglaterra, em minha nova vida. Era evidente que, inconscientemente, eu ainda me preocupava com as coisas que me tornavam diferente das pessoas. No fim, acabei falando sobre isso com uma amiga. Ela riu.

"*Akemi san*, você não é mais um *deru kūi* (o prego saliente)", disse ela. "Você é um *de-sugi-chatta* (um prego *solto*)!"

Ela disse que, desde que me conhecera, sempre me viu agir do meu modo. Antigamente, eu apanhava das pessoas e me diziam que eu não podia fazer determinadas coisas – como uma mulher divorciada, como a esposa de um estrangeiro ou como uma japonesa.

Minha amiga prosseguiu: "Bom ou ruim, você não é mais a pessoa que costumava ser. Passou tanto tempo fazendo as coisas do seu jeito que ninguém mais pode te derrubar. Você é o prego que ninguém pode martelar, mesmo que tentem".

Há outro provérbio japonês que pode ser útil, caso esteja pensando em encontrar seu estilo, fazer as coisas do seu jeito e expressar o que você é:

継続は力なり

Keizoku wa chikara nari

"Persistência é poder"

De forma estrita, esse provérbio pode ser traduzido como "a força da continuação", mas prefiro a tradução "persistência é poder". Se você se interessa o suficiente por alguma coisa, quanto mais a praticar – seja um hobby, uma habilidade, um modo de viver ou um ofício –, mais proficiente se tornará. No devido tempo, isso pode ser tão natural quanto respirar. É assim que nos tornamos quem desejamos ser: descobrimos o que amamos e continuamos nisso. Quando sabemos quem somos e o que verdadeiramente importa para nós, sentimos menos pressão para seguir a moda, ver o último filme "obrigatório" em cartaz, ou "Keep up with the Joneses".[26]

- Encontrar nosso estilo é tão simples quanto aprender a viver, trabalhar, vestir-se e mover-se pelo mundo com confiança, orgulho e honra. Quanto mais felizes estivermos com nós mesmos, maior será nossa confiança e mais prontos estaremos para ajudar ao próximo.

Um dia no hipódromo

Certa vez, minha filha e eu fomos convidadas para ir ao hipódromo Royal Ascot. Nenhuma roupa que tínhamos parecia apropriada ao *dress code* que deveríamos seguir. Entretanto, após discutirmos o que iríamos usar, decidi vestir um quimono, mesmo sem ter certeza quanto a isso estar estritamente de acordo com as regras.

Quando chegamos, senti-me bastante perdida em um mar de mulheres imponentes. Todas pareciam estar competindo por quem tinha o chapéu mais exorbitante e mais largo. Eu também usava um chapéu, inspirado em um véu do século XII que parecia combinar com meu quimono e ainda me beneficiava ocultando meu rosto. (Minha filha e eu, que víamos algo particularmente divertido em alguns dos trajes extraordinários que lá estavam, por vezes nos esforçávamos para manter a expressão séria.)

Permanecemos do lado de fora do Royal Enclosure, uma área reservada aos convidados que, aparentemente, era destinada a pessoas de determinada classe social. Tudo que eu conseguia pensar, enquanto lá estava em meu quimono azul-claro, era que seria apontada como uma forasteira a qualquer momento. Bebericando champanhe e saboreando morangos, todas as mulheres usavam vestidos lindíssimos, e eu me senti deslocada.

Depois de algum tempo, um grupo de mulheres se aproximou de nós. Estavam cheias de perguntas sobre o meu quimono, então finalmente comecei a relaxar um pouco. Percebi que, embora não pudesse competir com o estilo elegante delas, eu estava seguindo meu próprio estilo. Honrei minhas raízes e, de algum modo, ainda consegui ser "aprovada" na companhia daquelas pessoas, para as quais o estilo era assunto sério. Meu quimono permitiu que eu me adequasse e, ao mesmo tempo, me destacasse – o tipo de equilíbrio que muitas vezes tentamos atingir ao decidir o que vestir. Quando acertamos, pode ser uma verdadeira emoção!

Vestir-se em harmonia com as estações do ano

Cores do inverno
Verde com laranja, vermelho com branco ou verde com branco.

Padrões de inverno
Bambu, pinheiro, camélia ou *ume*.

Cores da primavera
Pink com branco e verde, púrpura com branco ou amarelo-claro com um amarelo mais escuro.

Padrões da primavera
Ume ou *sakura*.

Cores do verão
Azul glacial, lavanda ou azul-escuro.

Padrões do verão

Chuva e/ou flocos de neve caindo, padrões do estilo *yukata* lisos ou listrados (o *yucata* de verão geralmente é azul-marinho no fundo branco, ou branco no fundo azul-marinho).

Cores do outono

Tons de púrpura com tons de laranja, verde ou vermelho, tons laranjas e amarelos (lembrando folhas secas), ou tons de amarelo e laranja (para capturar a qualidade da luz solar do outono).

Padrões do outono

Folhas caindo, luz do sol em meio a árvores, grama de pampas, Lua ou libélula.

Lições do *chōwa*:
Encontre seu estilo

Saiba o que você ama e então compartilhe com os outros
- Descubra o que é importante para você.
- A cada dia, reserve algum tempo para se dedicar a isso. E insista.
- Lembre-se: "persistência é poder".
- Agora, pergunte-se como você pode compartilhar sua paixão com os outros.

"O prego saliente é martelado de volta"
- O que faz você sentir que se "destaca"?
- De que forma você pode transformar essa diferença em sua mente, para abraçar o que faz de você único e, assim, poder se tornar "o prego que ninguém pode martelar, mesmo que tente"?

Parte 2

VIVER EM HARMONIA COM OS OUTROS

第二章

他人との調和

5

OUVIR OS OUTROS E CONHECER A NÓS MESMOS

"O silêncio pode ser tão belo quanto uma flor."
— Provérbio japonês

Nós convivemos com os outros. As outras pessoas nos fazem companhia, nos apoiam, nos orientam e, às vezes, podem nos ferir muito seriamente. O modo como as tratamos e como elas nos tratam constitui uma grande parte daquilo que somos. No entanto, embora passemos todos os dias de nossa vida na companhia de outras pessoas, muitas vezes sentimos que não as conhecemos muito bem. Um mal-entendido ou uma palavra rude podem nos fazer duvidar da nossa proximidade com um amigo, colega ou parceiro, e perturbar nosso equilíbrio emocional. Um dos sentimentos mais dolorosos é sentir que você decepcionou alguém: emoções como culpa, vergonha ou um sentimento de não ser bom o bastante podem ser persistentes e esmagadoras. Se deixarmos, podem assumir o controle de nossa vida.

Como já foi explicado, a palavra em japonês que designa "próprio" é *ji-bun*, cujo significado literal é "a parte de si mesmo". Isso sugere que somos parte de um todo maior. Se pensarmos em nossos maiores problemas – sentimentos de insegurança, de não atender às expectativas, mágoa, raiva ou fracasso –, percebemos que geralmente estão relacionados a outras pessoas. Você já notou que, quando um colega ou um parente está de mau humor, o humor dele nos afeta? Temos um ecossistema emocional que, assim como o mundo natural, encontra-se em um equilíbrio frequentemente precário. Encontrar o equilíbrio não é uma questão de inserir paz e harmonia à nossa vida emocional. As emoções vão e vêm. Nosso estado mental muda constantemente. Entretanto, o que devemos fazer é nos comprometermos a viver ativamente a vida, em harmonia com as pessoas. Este capítulo introduz alguns princípios que poderão ajudar você a viver uma vida mais sadia do ponto de vista emocional. A lição mais importante é que seu equilíbrio começa quando você presta mais atenção à vida emocional dos outros.

- **Leia as entrelinhas.** Uma vida vivida de acordo com o *chōwa* nos ajuda a desenvolver um alto nível de sensibilidade emocional. Aprendendo a nos sintonizar com a atmosfera de um ambiente, no "aqui e agora" de uma conversa, aprendemos a observar nossos pensamentos com mais calma e – em um estado mais relaxado e receptivo – nos tornamos melhores em deixar os outros à vontade.
- **Melhore seus relacionamentos e aprenda a lidar com emoções fortes.** Parece impossível nos centrarmos diante de emoções difíceis, como raiva e frustração. O *chōwa*

pode nos ajudar a repensar nossos relacionamentos com essas emoções negativas poderosas e a lidar mais facilmente com nossos relacionamentos.

Eu gostaria de compartilhar com você um poema escrito por meu pai:

Ao olhar no espelho, como você se vê?
Se não puder se ver claramente, talvez você esteja infeliz.
Quando sua mente está nublada, você não consegue se ver claramente.
E mesmo que limpe o espelho, você não consegue se ver claramente.
Você aprecia a vida diária?
Você trabalha com honra?
Você ajuda as pessoas que necessitam da sua ajuda?

O poema avança do pensar em si mesmo, passa pelo reconhecimento de que se "está infeliz", e segue até nos encorajar a parar de olhar para dentro e a retomar a conexão com o mundo maior. Quando se trata de alcançar o equilíbrio pessoal, expandir nossa esfera de consciência para incluir os outros talvez soe contraintuitivo, mas creio que faz mais sentido começar a partir daqui.

Ler as entrelinhas

Alguma vez você evitou um assunto ou escolheu cuidadosamente as palavras para não fazer alguém se sentir desconfortável?

Já fechou a porta silenciosamente, para evitar perturbar seu filho, seu companheiro ou um colega de quarto que tinha dificuldade para adormecer ou que acordava com facilidade? Se a resposta for afirmativa, é possível que você saiba praticar uma técnica japonesa ensinada às crianças em idade escolar, logo no início da vida. Em japonês, essa técnica se refere a "ler o que está no ar":

空気を読む

kuuki wo yomu

Ler o que está no ar tem a ver com ficar imóvel e quieto para conseguir captar as mínimas alterações que ocorrem na atmosfera, seja em uma sala de aula, encontro ou reunião familiar. Pense nisso como medir a temperatura emocional em um ambiente. Você pode até praticar em situações específicas. Não se trata apenas de imaginar como uma pessoa pode estar se sentindo; tem a ver com formas ativas de criar paz, harmonia e quietude por meio de ações mínimas. Leva uma vida inteira para desenvolver, mas é bem menos místico do que pode parecer. Para praticá-la, você tem que se sintonizar no que está acontecendo com você e, ao mesmo tempo, no que está acontecendo com outra pessoa. Acredito que essa técnica possa ser ensinada com alguns passos simples.

Pratique a quietude • No Japão, dizemos: "a quietude é o óleo que faz tudo funcionar bem". O primeiro truque para ler o que está no ar (ou ler as entrelinhas) é praticar o silêncio. Isso não significa que você deve se desligar da realidade. Pense que você é como um receptor, um instrumento que capta sinais não falados. Quando há uma pausa na conversa ou um silêncio desconfortável, você pode sentir que deve preencher esse silêncio. Mas falar nem sempre é tão útil quanto pensamos.

Deixe a outra pessoa falar primeiro • Todas as conversas são uma busca por equilíbrio. Entretanto, algumas conversas mais parecem competições. Quando falamos com alguém, podemos ser tentados a sair contando nossas novidades ou dizer o que queremos sem ninguém ter perguntado. Deixar a outra pessoa tomar a iniciativa e fazer perguntas irá mostrar a ela que você de fato está ouvindo. Isso é conhecido como escuta ativa. Você se surpreenderá o quão rápido a outra pessoa começará a deixar você também se manifestar primeiro. Quanto mais praticamos a escuta ativa, mais os outros começarão a seguir nosso exemplo.

O conselho pode esperar • Esteja você em uma reunião sobre um problema no trabalho, ou tentando ouvir seus filhos falarem sobre as dificuldades que estão enfrentando na escola, tenho certeza de que você sentirá o impulso de aconselhar, dar sugestões ou relacionar o que está sendo dito à sua experiência pessoal: "É exatamente o que está acontecendo comigo…". O impulso do "eu, eu, eu" não necessariamente tem uma origem ruim. Queremos mostrar aos outros que temos empatia. Mas isso pode ser feito por meio de uma compreensão verdadeira. O *chōwa* demanda que façamos nossa investigação antes de agir buscando equilibrar uma situação. Quando conversamos com alguém, isso significa realmente ouvir o que ela tem a dizer. Mesmo que ela pare de falar, espere as palavras dela assentarem para só então replicar. Dar às pessoas alguns instantes a mais de silêncio também lhes dá espaço para falar mais, caso desejem.

Responda generosamente • Quando se está ouvindo alguém, em particular se a pessoa estiver contando algo pessoal ou doloroso, pergunte-se: "Como posso fazer essa pessoa se sentir mais confortável?". Alguma coisa mínima, como um sorriso ou uma pergunta aberta, poderia deixá-la mais aliviada. Por outro lado, se estiver consolando um amigo íntimo, tente dizer que você o compreende, que está ouvindo e que ele pode contar com você. Crie um momento de quietude para que ele possa falar mais, caso necessite, ou para que ele possa continuar em silêncio, se assim desejar.[27]

Amplie sua atenção emocional para incluir os outros e a si mesmo • Ampliar sua atenção emocional para incluir as outras pessoas é tão simples quanto fazer sua "lição de casa emocional". Trata-se de saber o que está acontecendo com você e pensar de forma um pouco mais consciente no que está acontecendo com os outros.

Quando relembramos uma conversa mentalmente – como fazemos com frequência quando achamos que metemos os pés pelas mãos, percebemos que, se dissemos algo inútil ou desagradável, foi provavelmente por termos nos sentido nervosos, frustrados, com raiva ou desejosos de que a outra pessoa gostasse de nós. Deixar essas emoções nos governarem nos faz dizer coisas das quais nos arrependemos. Podemos evitar situações desse tipo se tentarmos nos relacionar como nossas emoções com um pouco mais de equilíbrio. Da próxima vez que se sentir oprimido, ou que for varrido por uma emoção, tente dizer silenciosamente para si mesmo: "A raiva é assim", ou ainda, "A frustração é assim". Pratique nomear e identificar como você está se sentindo, em particular se perceber que está a ponto de dizer algo de que irá se arrepender. Você vai notar que, ao prestar atenção em como você está se sentindo de uma maneira mais suave e objetiva, as suas emoções passarão a ter menos controle sobre você.

Tendo dado um passo para trás em relação aos seus pensamentos e aprendido a observá-los de forma um pouco mais objetiva, você estará em melhor posição para focar nos sentimentos das outras pessoas. Na próxima vez que falar com alguém, tente estender sua atenção emocional ao seu interlocutor, além de si mesmo. Pergunte-se: "Como ele está se sentindo?". Prestar mais atenção nos outros e no que está acontecendo com eles nos proporciona um interesse mais ativo por nosso ecossistema emocional. Em geral, se falta equilíbrio em um ambiente, também falta equilíbrio pessoal. Checar de maneira consciente como os outros estão, ainda que isso não seja uma pergunta feita em voz alta, nos ajuda a responder de forma mais gentil. Por exemplo, se um colega se distrai no meio de uma reunião, você pode fazer uma pergunta direta a ele, com o intuito de trazê-lo de volta. Ou, se um amigo estiver um pouco mais quieto do que o usual, tente lhe dar uma oportunidade para falar abertamente sobre algo que você sabe que ele gostaria de discutir. Um ato generoso pode trazer energia nova ao ambiente. E quando as pessoas também começarem a mostrar um pouco mais de consideração umas com as outras, todas começarão a ver os benefícios de compartilhar a carga emocional.

- O que você pode fazer hoje mesmo para gerar pequenos impactos positivos em seu ecossistema emocional?
- No final do dia, pergunte a si mesma como foram as coisas, se você tentou ouvir mais ativamente ou estar mais presente, de um modo geral. Isso lhe permitiu apaziguar um confronto ou ajudar alguém a se sentir mais à vontade em sua companhia?

Checagens emocionais

Depois do nascimento da minha filha, deixei de ser responsável apenas pelo modo como eu me sentia. Agora, tinha que me sintonizar às necessidades e emoções dela: ela estava com fome? Estava cansada? Estava quente ou frio demais para ela?

Essa atenção continuava, conforme ela crescia. Sempre que minha filha chegava da escola, eu parava o que estava fazendo assim que ouvia a porta se fechar. Ela bateu a porta? Ou a porta foi fechada normalmente? Este era o meu primeiro indício de como tinha sido o dia da minha filha e de como ela estava se sentindo. Então, eu a escutava gritar "*Tadaima!*" (cheguei), ao que eu respondia "*Okaerinassai!*" (bem-vinda em casa).

Se minha filha gritasse "*Tadaima!*" de uma forma intensa e ofegante, eu imaginava que ela tinha ficado conversando com as amigas e, depois, saiu correndo para não se atrasar e chegar em casa a tempo de me ajudar na cozinha. No entanto, se ela dissesse "*Tadaima*" de uma forma enfadada e morosa, isso poderia indicar que algo ruim havia acontecido – que ela tinha brigado com um amigo ou tirado uma nota baixa.

Você deve ter uma relação parecida com os seus familiares. Lembre-se de reservar diariamente um momento do dia para checar como seus entes queridos estão emocionalmente. Fazendo isso, você conseguirá saber quando alguém está infeliz ou desequilibrado, e será capaz de reagir.

Gostos e desgostos

Nossos gostos e desgostos nos ajudam a construir amizades e até a encontrar parceiros românticos. Naturalmente, nós gravitamos em direção a pessoas que são parecidas conosco, que gostam das mesmas coisas que gostamos – pessoas com as quais sentimos que temos coisas em comum. Entretanto, expressar preferências fortemente sustentadas às vezes pode nos meter em problemas.

No Japão, ser excessivamente preso aos "gostos" e "desgostos" por vezes é visto como coisa de criança ou até egoísmo, algo que nos torna menos dignos de consideração. Por exemplo, mesmo para recusar um convite, negar uma permissão ou dispensar outro pedaço de bolo, é improvável que os japoneses digam "não". Em vez de uma negativa explícita, eles dizem *chotto*, que significa algo como "isso é um pouco difícil". Mesmo quando se trata de coisas que realmente não fazemos ou não comemos – talvez tenhamos uma aversão a cogumelos ou a determinado tipo de fruta –, é raro rejeitarmos de forma direta, e é muito improvável que expressemos uma forte aversão. Isso pode parecer modesto ou humilde demais. Isso às vezes pode ser exaustivo, mas, ao mesmo tempo, o que rejeitamos pode ser como uma série de portas trancadas que ditam como viver nossa vida: temos que evitar gastar tempo com a pessoa, evitar ouvir certo tipo de música, evitar comer algum tipo de comida. Pode haver um alívio real quando nos libertamos das ideias que retemos – muitas vezes, desde a infância – sobre o que gostamos e desgostamos. Ser mais flexível não significa comprometer quem somos, mas manter nossas opções abertas e aprender a seguir um pouco mais o fluxo. Podemos descobrir que somos mais flexíveis e aventureiros do que acreditamos ser.

Para ilustrar como podemos adotar uma abordagem um pouco mais flexível em relação aos nossos gostos e desgostos, apresentarei a você uma das lições mais básicas de gramática do japonês. A gramática japonesa pode ser complicada para estudantes cuja primeira língua é o inglês. A ordem das palavras parece ser totalmente às avessas – o verbo fica no fim da sentença. Além disso, os pronomes raramente são usados. Em geral, as pessoas se baseiam no contexto para interpretar quando se diz, por exemplo, "Do you like apples?" (Você gosta de maçãs?") ou "I like apples" (Eu gosto de maçãs).

林檎 が 好き です

ringo ga suki desu
(I) Apples "like" do
(Eu) maçãs "gostar"

Ringo significa "maçã". *Ga* é um particípio que, acompanhando *suki*, significa "eu gosto". No entanto, o que dá a essa sentença o significado de "*eu gosto* de maçãs" em vez de "*eu não gosto* de maçãs"? É a palavra que está no final, *desu*. "Eu não gosto de maçãs" seria:

林檎 が 好き で は ありません

ringo ga suki de wa arimasen
(I) Apples "like" do not
(Eu) "gostar" não

Isso faz com que ouvir japonês seja um verdadeiro teste para a sua atenção. Você tem que esperar até o fim da sentença para entender o que a pessoa está perguntando. Por outro lado, isso também permite que a pessoa que está falando tenha tempo para pensar no que vai dizer. Ela pode adiar a decisão de dizer uma coisa ou outra – "maçã gosto" ou "maçã gosto não" – até o último instante.

Se sua anfitriã por acaso lhe perguntar "Você gosta de maçãs?", talvez você não queira demonstrar diretamente que não gosta dessa fruta. Pode ser que ela tenha feito torta de maçã para a sobremesa.

> **Espere um pouco mais.** Isso pode impedi-lo de causar constrangimento ou machucar os sentimentos de uma pessoa expressando uma preferência pessoal.
>
> **Deixe as preferências pessoais de lado.** O *chōwa* não tem a ver com ficar em silêncio quanto a nossas preferências ou opiniões, pelo bem da "harmonia" social. O *chōwa* tem a ver com manter nossas opiniões abertas, ser consciente e cuidadoso para com os outros e acolher a liberdade que advém quando nos desvencilhamos das ideias fixas sobre o que "gostamos" e "desgostamos".

Lidar com pessoas que não gostamos

Como é não gostar de alguém? Se você for como eu, quando pensa nos sentimentos negativos que tem por uma pessoa, deve sentir o desagrado e a aversão entrando em seu corpo como se fossem um tipo de dor. A sua face pode enrijecer e você pode sentir tensão na mandíbula e na parte posterior do pescoço.

Não se sinta mal, todos nós passamos por isso. Mas, se tirar um momento para refletir sobre esses sentimentos, perceberá que não tem que se sentir assim.

Quando eu era recém-casada, frequentava a mesma aula de cerimônia do chá que uma mulher chamada Akiko. Como eu, ela era recém-casada. Mas, diferente de mim, ela era maldosa e tinha um senso de humor insolente. Ela sentia prazer em provocar as colegas durante a aula, enaltecer seu status de mulher recém-casada e depreciar qualquer uma que cometesse um erro. Para mim, era quase impossível permanecer na mesma sala que ela. Em um dado momento, a minha frustração explodiu. Estufei as bochechas e soprei com toda força. Quando Akiko olhou para mim, escondi minha expressão azeda, fingindo estar interessadíssima em meu leque.

A minha sogra, que frequentava as aulas comigo, percebeu tudo. Quando voltávamos para casa, ela perguntou: "O que há entre você e a Akiko-san?".

"Não sei. Apenas não gosto dela", respondi honestamente. Havia motivos demais.

"Tem alguma coisa que você aprecia nela?", perguntou a minha sogra, gentilmente.

Essa pergunta me fez refletir. Eu apreciava o senso de humor insolente de Akiko. E, ao refletir de fato sobre Akiko, percebi que algumas coisas que eu detestava nela eram preocupações que eu tinha em relação a mim mesma: estaria eu me tornando mais exibida, me preocupando demais em agradar as pessoas ou em ser pega fazendo algo errado?

O *chōwa*, assim como nos ensina a mudar nossas atitudes em relação a nossas preferências, pode nos ensinar a transformar nossas atitudes em relação às outras pessoas. Dar-nos a oportunidade de mudar o relacionamento com uma pessoa que achamos difícil, ou de quem não gostamos, pode tirar um peso enorme de nossos ombros.

Lidar com emoções difíceis

Tento adotar uma abordagem filosófica para as emoções difíceis. Quando estou com raiva, triste, frustrada ou com algum tipo de dor física, procuro dizer a mim mesma que isso é a vida. Você está vivendo. Quando coisas ruins acontecem, o meu "sentimento ruim" é uma reação emocional natural a elas. Mesmo que realmente machuquem, esses sentimentos são parte da vida e existe algo de belo neles. Contudo, em meio ao furor ou nas profundezas da vergonha, é muito difícil pensar assim.

Apresento a seguir algumas ideias para lidar com duas das emoções mais dolorosas. A primeira muitas vezes é dirigida às outras pessoas: a raiva. A segunda geralmente é dirigida a nós mesmos: a frustração.

Raiva • Há momentos em que a raiva não faz nenhum bem, como estou certa de que todos nós sabemos muito bem. A raiva nos cega para nossas próprias faltas. Ela dificulta nos colocarmos no lugar do outro. Responder a uma situação com ira pode se tornar um hábito ruim, seja como uma reação exagerada a alguém que topou com você na rua ou a um amigo que cometeu um erro honesto.

Por outro lado, a nossa raiva faz sentido. Queremos repreender alguém, fazer alguém entender como nos sentimos. Mas poderíamos tentar transmitir o que sentimos de outro modo.

Tentar reagir no sentido oposto. Se alguém empurrar você no ônibus, tente rir em vez de esbravejar com a pessoa. Se alguém diz algo que você discorda fortemente, tente dizer: "Entendo que é assim que você se sente em relação a isso". Tem a ver tanto com desarmar a sua ira quanto com desarmar a outra pessoa, em particular se ela estiver procurando briga. Ser o portador do equilíbrio em encontros desse tipo pode tornar nossa movimentação pelo mundo mais prazerosa, além de permitir aos que estão procurando uma encrenca que sigam tranquilamente em seus caminhos.

Registre sua raiva "justa" por escrito

Certa vez, recebi um telefonema de minha amiga Junko-san. Tínhamos muita conversa para pôr em dia, mas no fim das contas a nossa conversa acabou sendo sobre o noivo dela. Eles tinham tido uma briga séria que terminou com o noivo dela gritando a plenos pulmões. Fiquei surpresa por ela parecer tão calma, quase animada, em relação a isso.

Ela contou que, durante a discussão, foi para outro cômodo, deixando o noivo sozinho, parado, fumegante. Calmamente, fechou a porta da sala de jantar. Respirou fundo três vezes. Esperou sua frequência cardíaca diminuir. Sentou-se junto à mesa de jantar, onde colocou uma folha de papel. E, então, escreveu tudo que estava sentindo, na forma de uma carta dirigida ao noivo. Na carta, ela expressava por que o fato de ele ter gritado com ela era inaceitável, não importava o quão bravo ele estava. Escreveu que não estava preparada para se engajar em um casamento no qual esse tipo de gritaria se tornaria parte do dia a dia. Quando ela terminou de escrever, voltou e entregou a carta a ele. A princípio, ele ficou ainda mais furioso. Ela explicou que estava nervosa demais para dizer o que sentia, por isso escrevera tudo.

Ela disse ao noivo que ele estava livre para fazer o mesmo, então saiu de casa e foi jogar tênis com as amigas. Quando voltou, encontrou um pedido de desculpas por escrito que seu noivo deixara sobre uma penteadeira.

Examine a sua ira para que ela trabalhe a seu favor e não contra você. Ouvi falar de outras mulheres japonesas que usaram a técnica da Junko-san: escrever em uma folha de papel sobre a raiva que sentem e entregar ao esposo. Na próxima vez que se aborrecer com seu esposo ou com quem você mora, experimente fazer isso.

Frustração • A busca por equilíbrio nem sempre é fácil. Você encontrará reveses, obstáculos e, em alguns momentos, simplesmente travará. A frustração é uma das emoções humanas mais dolorosas. Esperamos demais de nós mesmos e podemos ser nossos maiores críticos. Às vezes, nossas expectativas são altas demais e acabamos desapontados. Sobre isso, existe um provérbio japonês que diz:

七転び八起き

nana korobi yaoki

O significado desse provérbio é "se fracassar na primeira vez, tente de novo e de novo". Para mim, esse provérbio capta o modo como nos sentimos ao fracassarmos melhor do que sua versão em inglês, porque sua tradução literal é: "caia sete vezes, levante-se oito". Todos precisamos aceitar que vamos cair mais de uma vez. O meu conselho é fazer as pazes com isso e seguir adiante. Você cairá sete vezes, talvez caia até mais do que sete vezes. O que importa é que se recomponha.

Alguns problemas são grandes demais para consertar

Meu primeiro esposo e eu nos divorciamos em 1989. Mesmo sabendo que o divórcio era a coisa certa a fazer, eu tinha pouca noção do que estava por vir. Depois de me divorciar, comecei a perceber que não era algo em mim que estava desequilibrado. Era o meu ambiente, o mundo inteiro ao meu redor, que estava partido. Senti como se, pela primeira vez, conseguisse ver claramente a sociedade na qual vivia.

O divórcio implicou na necessidade de arrumar um emprego para sustentar a mim e à minha filha, ainda bebê. Entretanto, a maioria das oportunidades no trabalho que me interessava exigia que eu declarasse o meu estado civil. Assinalar "divorciada" no formulário de candidatura a uma vaga fechou muitas portas para mim. Também tinha que encontrar uma creche para colocar a minha filha – mas até lá me perguntavam por que eu era mãe solteira. Ser mãe divorciada, naquela época, era algo que quase não se ouvia falar no Japão. Quanto mais eu pensava nisso, menos desejava que minha filha fosse criada em uma sociedade como aquela.

Preocupava-me que, se ficássemos no Japão, nós duas seríamos nocauteadas sucessivamente, até sermos destruídas.

Às vezes, nós nos culpamos por problemas que não têm nada a ver com a gente, como um local de trabalho tóxico ou um companheiro abusador.

Nessas situações, por mais que tentemos levar um pouco de equilíbrio ao nosso ambiente, raramente conseguimos mudar as outras pessoas. É quase impossível melhorar um ambiente que simplesmente é ruim para nós. Por isso, há certos momentos em que a única coisa a fazer, o melhor para nós, por mais doloroso que possa ser, é romper radicalmente e seguir adiante.

Lições do *chōwa*:
Ouvir os outros e conhecer a nós mesmos

Ouvir os outros

Experimente praticar ouvir mais ativamente, por meio das seguintes ações:

- Ficar em silêncio (preste atenção verdadeiramente ao que a outra pessoa está dizendo).
- Deixar a outra pessoa falar primeiro (deixe-a compartilhar as novidades dela, antes de você compartilhar as suas).
- Esperar. Há momentos em que o silêncio é a melhor resposta; a outra pessoa pode ter mais a dizer.
- Fazer o que for possível para responder de maneira generosa, quando é necessário dizer alguma coisa, ou não dizer

nada. Pergunte a si mesmo: "Como posso fazer essa pessoa se sentir mais confortável?".

Lidar com pessoas que você não gosta
- Pense em alguém que você não gosta. Liste as coisas que você não gosta nessa pessoa.
- Agora, tente listar as coisas que você gosta nela.
- Continue até que a lista de coisas que você gosta tenha pelo menos o mesmo comprimento da lista de coisas que você não gosta.

Conhecer a si mesmo

Tente fazer a si mesmo as perguntas a seguir, que foram inspiradas no poema escrito por meu pai:
- Como posso apreciar melhor o dia a dia?
- Como posso trabalhar com honra?
- Como posso ajudar as outras pessoas?

APRENDER A APRENDER, E ENSINAR NOSSOS MESTRES

> "Quando somos jovens, as dificuldades são benéficas, mesmo se tivermos que procurá-las."
> – Provérbio japonês

Do século XII até os anos 1870, grande parte do Japão foi governada pelos poderosos lordes *daimyo*. Seus guerreiros, os samurais, lutavam em seu nome, por poder e influência. Os samurais deveriam aprender uma ampla gama de artes da guerra, como o *Iaidō* (a arte de desembainhar a própria espada), o *battōdō* (a arte de usar a própria espada) e o *bushidō* (o código de ética do guerreiro). Entretanto, terminada a batalha, os samurais deveriam retornar às suas famílias. Na maior parte do tempo, eles levavam uma vida pacífica, tirando seu sustento da terra. Tão importante quanto a educação de um samurai eram as atividades artísticas, como o *shodō* (a arte da caligrafia), o *kadō* (a arte dos arranjos florais) e o *chadō* (a arte do chá), além de aprender a administrar uma fazenda. Era uma educação equilibrada, baseada não em conflitos, mas no modo de viver em harmonia com a família e apreciar a beleza do mundo natural durante o tempo de paz.

A educação japonesa moderna coloca uma ênfase similar na "multifuncionalidade". Em vez de focar apenas no trabalho acadêmico, a educação japonesa ensina as crianças a valorizarem o trabalho em equipe, a se relacionarem bem com os outros e a se desenvolverem em pessoas conscientes e competentes em "ler as entrelinhas", seja na sala de aula ou no local de trabalho. Eu vivo e leciono na Inglaterra e no Japão. Percebo que a educação japonesa foca de forma exagerada o aprendizado da adequação. Parece-me que, em todos os estágios da vida, precisamos aprender a acomodar as necessidades do grupo e a questionar os princípios de "harmonia" que mantêm o grupo unido. As principais lições discutidas neste capítulo são as listadas a seguir.

- **Aprender a aprender.** O *chōwa* tem a ver com estar preparado para responder a qualquer situação da forma mais corajosa e positiva possível. Quero compartilhar como, ao infundirmos o modo como aprendemos com essa ideia, não só aprendemos de uma forma mais efetiva como também carregamos nosso aprendizado para o resto da vida.
- **Ensinar seus mestres.** A relutância dos estudantes japoneses em expressar suas opiniões é bem conhecida no Ocidente. Entretanto, aprender as lições corretas do *chōwa* sobre a busca ativa do equilíbrio às vezes requer que desafiemos a autoridade, as ideias de outras pessoas acerca do significado da harmonia, e que "ensinemos nossos mestres".

De volta à escola – lições de *chōwa* no aprendizado em uma sala de aula japonesa

Há muitos aspectos que eu realmente admiro na educação inglesa. Visitei escolas de todos os tipos na Inglaterra, tanto como professora japonesa quanto como palestrante de estudos culturais, e trabalhei como pesquisadora para uma emissora japonesa investigando o que faz da educação inglesa especial. Mas não há nada como entrar em uma escola japonesa para se sentir inspirado e cheio de entusiasmo para aprender. Isso é algo do Japão de que sinto falta.

Quando as pessoas imaginam uma escola japonesa, podem pensar que os professores são muito rigorosos. Embora haja algo de verdadeiro nisso, depois de visitar escolas de todo tipo, tanto no Ocidente como no Japão, posso afirmar com segurança que o *chōwa* nas salas de aula japonesas não tem a ver com criar um grupo de estudantes idênticos, com as mesmas opiniões, em um estranho tipo de "harmonia". Neste capítulo, eu o conduzirei para dentro de uma sala de aula japonesa e compartilharei algumas lições de *chōwa* que serão úteis para guiar você em sua educação por toda a vida.

Comprometer-se com seu aprendizado • Ao entrar na escola primária japonesa, assim como ao entrar em uma casa japonesa, você passa pelo corredor e tira os sapatos. Os estudantes normalmente têm guarda-sapatos próprios, mas fique tranquilo, porque também há chinelos para os visitantes. A pequena ação de trocar de calçados antes de entrar na escola é uma forma simples de definir o espaço onde aprendemos e o mundo exterior. O primeiro passo para encontrar nosso equilíbrio na educação é saber que o que precisamos quando estudamos pode não ser o que precisamos quando não estamos estudando.

Ao entrar em uma sala de aula japonesa, muitas coisas podem parecer familiares. Há um quadro branco, fileiras de carteiras e cadeiras, murais para exibição dos trabalhos dos alunos e armários para guardar suas mochilas. Entretanto, assim que a aula começa, as coisas podem parecer um pouco diferentes.

As crianças devem cumprimentar seus professores formalmente, antes de começar a aula. Quando o professor entra na sala, pode precisar de algum tempo para organizar seus papéis e esperar as crianças se acalmarem. Então, um membro do grupo escolar, o líder da classe, irá liderar uma saudação formal ao professor, dizendo firmemente:

Kiritsu – **em pé**
Rei – **curvem-se**
Chakuseki – **sentem-se**

Em outros capítulos, falamos sobre a importância no *chōwa* dos sinais exteriores de compromisso interior – garantir que nossas palavras estejam em harmonia com nossas ações. Em um ambiente de aprendizado, esses compromissos falados criam um tipo muito particular de harmonia. Existe algo de poderoso no início de cada aula, quando todos os alunos fazem a mesma coisa, aprontando-se conscientemente para aprender.[28]

Dedique tempo para aprender. Depois que deixamos a educação formal, temos que nos motivar a continuar o aprendizado, em particular se estivermos adequando o aprendizado ao nosso tempo livre ou ao período após o trabalho. Tente fazer com que o seu ambiente de aprendizado seja diferente do ambiente cotidiano, mesmo que isso implique ir até a biblioteca local ou criar um espaço exclusivo no seu quarto. Crie blocos de tempo para a hora de aprender. Ajuste um alarme e reserve tempo para trabalhar.

Cuide do seu ambiente de aprendizado • Assim que entra no edifício de uma escola japonesa, você percebe duas coisas: a atmosfera silenciosa e a limpeza de todos os ambientes. Os estudantes japoneses limpam a escola como forma de demonstrar gratidão pelo serviço que cada espaço lhes presta: agradecer ao edifício e às salas de aula por os manterem em segurança e lhes darem um espaço para aprender.

Os estudantes são responsáveis não só pela limpeza das salas de aula, mas também pela limpeza da sala dos professores, dos corredores e até dos banheiros e do jardim da escola. Os estudantes executam cada tarefa seguindo uma escala, o que lhes dá um sentido de pertencimento não só à classe, mas a toda a escola.

Além do cuidado com o edifício, existe um profundo senso de responsabilidade pelo ambiente natural entrelaçado na educação japonesa. Recentemente, conduzi um grupo de alunos de uma escola primária de Londres a uma visita a uma escola em Tóquio. Quando chegamos, havia muitas crianças no jardim arrancando as ervas daninhas e plantando sementes. Uma das crianças do meu grupo perguntou se aquilo era algum tipo de punição. O diretor, que estava nos mostrando a escola, negou, balançando a cabeça.

Os estudantes se voluntariaram para fazer aquele trabalho durante o intervalo – para eles, aquilo era uma boa diversão e uma forma de retribuir à escola.

Estabeleça uma correspondência de diferentes tipos de aprendizado com diferentes tipos de ensino ● Ao longo de minha carreira como educadora no Japão, vi problemas como o esgotamento de adolescentes, evasão do ensino médio e ênfase exagerada (da parte de empregadores e também de educadores) para que os alunos alcançassem as melhores notas. Hoje, no Ocidente, a educação japonesa costuma ser associada a altos níveis de competição e estresse, bem como a um tipo rígido de uniformidade na etiqueta em sala de aula.

Entretanto, o que tenho observado algumas vezes na Inglaterra é o perigo da rejeição de métodos de ensino que não são inerentemente ruins. Tomemos, por exemplo, o aprendizado por memorização, que parece horrorizar pais e alunos na Inglaterra. Parece ser algo vitoriano passar horas decorando informações ou com o nariz pregado em um livro. Porém, como professora de línguas, tenho que dizer que, assim como a prática de habilidades da fala, aprender um idioma exige dedicar muito tempo a algumas tarefas bastante enfadonhas, como aprender tabelas verbais, listas de vocabulário e regras gramaticais. Goste ou não, alguns assuntos envolvem o aprendizado por memorização.

Por outro lado, seja na prática de um esporte, no uso de formas complexas de álgebra ou ao tentar entender poesia, é improvável que decorar regras, fatos ou palavras seja a melhor forma de aprender. Temos que aprender fazendo. Também precisamos saber quando devemos nos deixar guiar pela intuição, por nossos palpites. Pode levar tempo para compreender a "lógica" de um jogo, ou uma equação, ou a leitura de um romance. É possível que tenhamos que dar tempo a nós mesmos para treinar, aprender, ler e pensar "fora da caixa". Para esse tipo de raciocínio, é importante que façamos pausas abundantes.

Como adultos, tememos deixar um livro pela metade e começar a ler outro que tenha despertado nosso interesse. Às vezes, precisamos nos permitir relaxar em nosso aprendizado. Outras vezes, precisamos refletir, fazer um balanço do que aprendemos. E há ainda outros momentos em que permitir que nossa mente divague pode até mesmo nos proporcionar momentos de inspiração.

Não existe um modo único de aprender. Precisamos lembrar que diferentes tipos de aprendizado requerem diferentes tipos de ensino.

O sucesso não depende só de nós • Quando são um pouco maiores, os estudantes vão com seus pais visitar os templos antes dos exames importantes, para rezar por um bom resultado nas provas. Visitar um templo é um lembrete físico e ativo do quanto valorizamos a nossa educação – um sinal exterior de compromisso interior. Ir a um templo ou confeccionar um amuleto da sorte – ainda que essas coisas tenham que ter o suporte do estudo dedicado – nos lembram, assim como aos nossos familiares, de nossas intenções e valores.

Se formos sortudos o bastante para alcançarmos as notas que esperamos, então retornaremos ao templo para agradecer. Não se trata apenas de agradecer ao *kami*. É uma forma de demonstrar gratidão mais amplamente: aos nossos pais, que nos apoiaram; aos nossos professores, que compartilharam seus conhecimentos conosco; e aos nossos amigos, que nos ajudaram nos estudos (as idas aos templos muitas vezes são feitas na companhia de colegas de classe). Não é preciso ser religioso para agradecer. Uma educação infundida com as ideias do *chōwa* nos ensina que existe um equilíbrio para aprender; que não se trata apenas do que aprendemos, mas também de quem nos ensinou. Não alcançamos o êxito sozinhos.

Aprender um idioma
(para descobrir novos tipos de equilíbrio)

Quando estamos tentando encontrar nosso equilíbrio, buscando as ferramentas para aprender e crescer, aprender um idioma pode nos ajudar a encontrar a resposta. O sentido de *chōwa* do nosso próprio país – a nossa definição nacional do significado de "harmonia" – pode nos cegar para as lições que poderíamos aprender de outros países. É por isso que, quando se trata de encontrar nosso equilíbrio, aprender um idioma não é apenas uma habilidade para a vida em si, mas é também uma porta que se abre ao conhecimento que jamais pensamos existir.

Sempre fui fascinada pelo mundo fora do Japão. Quando era criança, a TV americana era muito diferente do entretenimento japonês que havia naquela época. Mostrou-me que as mulheres podiam ser igualmente poderosas e belas. Quando eu assistia a programas como *As panteras* e *A feiticeira*, imaginava como seria ser uma cidadã livre do mundo e o que dominar outro idioma me proporcionaria.

Permita-me compartilhar algumas dicas, como estudante e professora de idiomas.

Trabalhe com o que você sabe • O *chōwa* nos ensina a tomar a soma de nossas experiências e nosso conhecimento para alcançar o melhor em qualquer situação. É uma questão de aproveitar o que você sabe e não se preocupar demais com o que você não sabe. Em um idioma novo, tudo que você aprende – o que você já sabe – se torna outro passo estimulante para alcançar novos conhecimentos. Conseguir falar algumas palavras em um idioma diferente o levará a um longo caminho. Veja algumas sentenças simples em japonês:

Meu nome é Akemi – *Watashi wa Akemi desu*
Como vai você? – *Hajimemashite*
Prazer em conhecê-lo – *Yoroshiku-onegai-shimasu*

Aprenda a pensar diferente • Aprender um idioma pode nos dar novas ferramentas para encontrar nosso equilíbrio. Até mesmo aprender algumas palavras em outro idioma pode transformar nosso pensamento.

Tomemos como exemplo o equivalente em japonês de "Prazer em conhecê-lo". Essa é uma tradução muito grosseira do significado de *Yoroshiku-onegai-shimasu*. Na verdade, o significado mais próximo seria "obrigado por se preocupar tanto comigo". Pode-se dizer isso ao encontrar uma pessoa pela primeira vez, mas também se diz, por exemplo, ao ir buscar a filha pequena na escola, nesse caso com o significado de "desculpe por minha filha dar tanto trabalho". Tem tudo a ver com demonstrar humildade e gratidão aos outros por cuidarem de você.

O *chōwa* explica em grande parte como o idioma japonês é montado. Muitos de meus alunos relatam terem a sensação de ser um tipo de antídoto ao modo de pensar que prevalece no inglês. Também não estou imune a isso. Estou sempre dizendo "Fico tão feliz por..." ou "Espero que...". Há muitos "eu, eu, eu" no inglês, e muito foco em como você se sente. Em japonês, há significativamente menos.

Ao adaptar novos modos de pensar quando aprendemos uma nova linguagem, começamos aprendendo a desafiar nossas ideias preconcebidas sobre o que viver e falar com outras pessoas, e sobre o significado real de "harmonia".

Cuidado com elogios • Se você já visitou o Japão e tentou falar japonês, é possível que tenha ouvido as palavras *nihongo ga jouzu desu ne*. Isso significa "o seu japonês é muito bom". Desconfie disso! Embora as pessoas estejam apenas tentando ser educadas e seja improvável que estejam se divertindo com você, as chances são de que você ainda tem um longo caminho a percorrer. Em geral, aconselho meus alunos a responderem com a frase *mada mada desu*, que significa "ainda tenho muito que aprender". A reação geralmente é o riso!

まだまだ です

mada mada desu

Quando se começa o que chamei de "a busca pelo equilíbrio", nós nos comprometemos, assim como no aprendizado de um idioma, com um processo vitalício de aprendizado. E, assim como um idioma, essa busca *é coisa para a vida inteira*.

Aprendizado vitalício: aprender fazendo

Antes de frequentar a universidade em Saitama, frequentei uma escola de aprimoramento onde aprendi etiqueta ocidental. Isso pode parecer estranho para os leitores que cresceram no Ocidente, que possivelmente pensam que lições de etiqueta lembra algo dos anos 1880 e não da década de 1980. Para mim, no entanto, esse interesse era perfeitamente natural. Quando era jovem, fui cativada pela cultura ocidental. Eu queria aprender mais sobre as regras e códigos por trás da elegante superfície do dia a dia dos ocidentais.

Aprender a andar como uma mulher ocidental era, literalmente, uma lição sobre encontrar meu equilíbrio. Tive que aprender a sentar e levantar com um livro sobre a minha cabeça, mantendo a postura ereta. Aprendi a me mover usando roupas e sapatos ocidentais. Em um quimono, damos passos pequenos. Quando usamos um vestido e sapatos de salto alto, temos que dar as passadas com mais confiança. A princípio, essa certamente não era uma forma natural de me sustentar.

Nunca pare de aprender • Alguns de nós pensam que, quando terminamos a escola ou a universidade, a nossa educação termina. Não é assim no Japão. O *chōwa* nos incentiva a continuar aprendendo, momento a momento, e a ver a educação como algo que continua por toda a nossa vida, esteja você se familiarizando com a tecnologia moderna no trabalho ou aprendendo sozinha uma nova habilidade, como tocar um instrumento musical ou aprender um idioma diferente.

Até mesmo depois da aposentadoria, os idosos vivendo no Japão acabam assumindo papéis de liderança em suas comunidades locais: continuar a educação deles é visto como uma forma agradável de passar o tempo e também como um dever. O Japão conta com um dos melhores sistemas educacionais para idosos do mundo.[29] Depois de se aposentar, minha mãe decidiu se matricular em um curso de horticultura oferecido por uma universidade. Ela sempre gostou de trabalhar no jardim. Hoje, ela está prestes a se tornar uma horticultora plena. Ela cuida dos jardins dos vizinhos, sem cobrar nada.

O aprendizado vitalício ajuda a nos prepararmos para qualquer coisa. Algumas de minhas amigas da Inglaterra e do Japão experimentaram o choque da perda do emprego, ou chegaram à idade da aposentadoria sem saber o que fazer depois. Elas realmente foram encorajadas pelo exemplo da minha mãe. Lembre-se: quanto mais você aprende, mais preparado estará para o próximo estágio da sua vida. Qualquer coisa que possamos usar em nossa situação, qualquer coisa que tenhamos aprendido, estará lá para nos ajudar em nossa hora mais desesperadora.

Como minha avó costumava dizer: "Podem roubar as suas joias, mas ninguém rouba a sua educação".

Aprender a não se adequar

Na escola, sempre gostei da companhia dos meninos da mesma idade que a minha, por isso foi um grande choque quando frequentei uma escola só para mulheres em Saitama. A experiência foi assustadora. Sem os meninos por perto, era como se as meninas tivessem desenvolvido costumes esquisitos, como levantar as saias e usá-las para abanarem umas às outras nos dias quentes. Elas sempre insistiam em ir ao banheiro juntas, o que para mim era muito grosseiro. Quando uma delas pediu que eu fosse ao banheiro com ela, recusei. Eu disse: "Para quê? Não pode fazer isso sozinha?". Ela tinha 15 anos de idade. Estava claro que ela não precisava de nenhuma ajuda naquele departamento. Ela ficou vermelha e, então, se afastou. Eu sabia que estava por minha própria conta, mas as outras garotas não se impressionaram. Estava claro que eu não faria o jogo delas. Eu não iria me adequar.

Olhando para trás, naquela escola, aconteceram várias coisas que eu sabia serem bastante ridículas. Entretanto, qualquer que seja o lugar do mundo onde vivemos, há muitas pessoas que nunca abandonam a necessidade de se adequar, ainda que isso possa ser mais evidente no Japão do que na Inglaterra. Quando volto ao Japão, olho ao redor do metrô de Tóquio e observo todas as mulheres da minha idade usando a mesma bolsa Louis Vuitton. Não há como escapar disso. Esse é o preço que se paga por uma educação que enfatiza a importância de se adequar. Uma coisa é ser capaz de se adaptar para aderir às regras de uma instituição, fazendo todo o possível para que os outros se sintam confortáveis e tranquilos; outra coisa totalmente diferente é ter medo de fazer qualquer coisa para mostrar quem somos.

Para mim, essa interpretação do *chōwa* é um equívoco grosseiro sobre o que realmente significa buscar equilíbrio. Quando se trata de encontrar nosso equilíbrio, acredito que temos que aprender a defender aquilo que é importante para nós. Na escola, demorei um tempo para aprender isso. Entretanto, lentamente, fui me empenhando em encontrar maneiras mais produtivas de fazer as coisas do meu jeito, em vez de zombar das outras meninas que, sem dúvida, tinham seus motivos para desejarem se adequar. Entrei para os grupos de violão e bandolim, que me permitiam desfrutar da companhia de meninas que pensavam como eu. Ao fim do período letivo, um grupo de meninos de uma escola de Tóquio foi assistir ao nosso concerto, por isso procurei fazer algumas amizades fora da escola. Fomos atormentadas por isso, mas considerávamos que provavelmente valia a pena.

Ensinar nossos mestres: debater nosso modo de alcançar a harmonia

A educação japonesa às vezes pode enfatizar demais a harmonia do grupo, o tipo de *chōwa* que só pode ser alcançado mantendo a cabeça abaixada e permanecendo em silêncio. Dizem-nos para "não retrucar" e "não argumentar" com tanta frequência que acabamos desistindo. Aprender a questionar o modo como algo está sendo feito é uma parte enorme do que deveria ser o propósito da educação. E também é o que o *chōwa* ensina: o único modo que conheço de buscar equilíbrio é desenvolver a força para enxergar o que se passa ao nosso redor, investigar e também desafiar o *status quo*.

A seguir, listarei algumas formas de aprender a defender o seu modo para fazer um mundo melhor, com graça e também com persistência.

Aprender a argumentar – lições de meus alunos ● Penso que só conheci o significado das palavras "argumentativo" e "opinativo" depois que lecionei para adolescentes britânicos. Hoje, continuo atuando como professora de japonês na Inglaterra. Embora meus alunos sejam otimistas, ávidos e brilhantes, também são individualistas e opinativos. Eu amo isso! Eles me ajudam a apreciar o valor de expor opiniões, dizer o que temos que dizer e, ao mesmo tempo, estarmos preparados para sermos corrigidos e para o escrutínio de nossas opiniões.

Aprender a argumentar – lições da filosofia • Tenho grande respeito pelo método socrático: ou seja, o questionamento persistente e curioso, uma perseguição incessante da verdade por meio de perguntas, mais perguntas e perguntando novamente. Não se trata do questionamento "por que, por que, por que" de uma criança – uma boa pergunta tem que ter por base um interesse genuíno; não estamos apenas tentando provocar uma reação. Sócrates pode ter falado que isso pode nos aproximar mais da verdade. E eu acredito que também podemos usar essa abordagem para nos aproximarmos do equilíbrio.

O método de Sócrates também era eficiente para expor quem achava que sabia tudo. Se alguém dissesse: "Acredito que esta seja a verdade", Sócrates perguntaria: "Mas, e quanto a isto?". Isso permitia que a pessoa, o questionador e todos que estivessem ouvindo fizessem uma reavaliação, além de estimular uma atmosfera de cuidado e humildade.

Nunca pare de fazer perguntas. Quando perguntamos com a atitude correta, podemos não só aprender muito, mas também ensinar algumas coisas aos nossos professores, estimulando-os a responderem questões difíceis.

Aprender as regras quebrando-as

Quando eu morava no Japão como uma mulher divorciada, percebi rapidamente que quebraria as regras a cada passo que desse em minha nova vida. Eu tive que aprender uma maneira de sair disso, preservando meu senso de dignidade e, claro, o gerenciamento da minha carreira como professora.

Quando me casei pela segunda vez, o divórcio continuava sendo um tabu no Japão. E, ainda pior, eu me casara com um estrangeiro, com o professor de inglês que havia se tornado meu sócio na minha escola. Na primeira vez que fomos à prefeitura, os oficiais se recusaram a nos casar – até então, eles nunca haviam realizado o casamento de uma mulher japonesa com um estrangeiro. Tivemos que telefonar para a embaixada britânica para conseguirmos nossa certidão de casamento. Eu deveria ter imaginado que permanecer no Japão seria difícil para nós dois. Uma série de contratempos nos encorajou a nos mudarmos para a Inglaterra e lá começarmos uma vida nova.

A minha experiência de "quebrar regras" no Japão ensinou-me muito sobre o meu país. A lição mais importante que aprendi foi a de que aprender a questionar, a "buscar" respostas ao longo de nossa vida é a única maneira de podermos ter esperança de encontrar nosso equilíbrio.

Lições do *chōwa*:
Aprenda a aprender

Cada assunto é uma busca por equilíbrio
- Atualmente, o que você está tentando aprender ou aprimorar?
- Quais são suas metas de aprendizado?
- Como você está ensinando essa nova habilidade a si mesmo? Esse método está ajudando você a alcançar a sua meta?
- Você experimentaria um estilo de aprendizado diferente – por exemplo, "cursinhos" intensivos de curta duração ou períodos mais prolongados de reflexão – que lhe ajudasse a alcançar suas metas de aprendizado de forma mais eficiente?

Aprender a ensinar seus professores
Veja algumas inspirações para fazer perguntas mais inteligentes aos seus professores:
- As perguntas fechadas (cuja resposta é "sim" ou "não") não costumam ser as mais úteis, porque não geram discussão.
- Sempre pergunte usando de boa-fé. Fazer perguntas cuja resposta você já sabe pode soar confrontador.
- Se precisar esclarecer alguma coisa, em vez de fazer uma pergunta aberta, tente fazer perguntas específicas ("Você pode explicar como…").
- Evite queixas do tipo "por que, por que, por que" disfarçadas de perguntas. Se você acredita que algo precisa mudar, seja o mais específico possível, investigue ou até proponha uma alternativa: "Que tal se tentássemos…".

- Esteja preparado para respostas inesperadas. Certa vez, um monge pediu a seu aprendiz que limpasse o jardim. O aprendiz então varreu todas as folhas, até que o jardim estivesse totalmente limpo. Quando o monge retornou, o aprendiz notou que seu mestre parecia descontente. "O jardim não está limpo o bastante?", perguntou ao seu mestre. O monge agitou uma árvore e algumas folhas caíram no chão. "Agora está perfeito", respondeu ele.

Um mantra para aprender, ensinar e usar por toda a vida
- *Mada mada desu* – "Ainda tenho muito o que aprender".

TRAZER EQUILÍBRIO PARA O MODO COMO TRABALHAMOS

"Cultive a 'postura mental' correta."
— Instrução para alunos de artes marciais.

O modo como trabalhamos está mudando rápido. Estamos mais conectados, fazendo negócios em múltiplos idiomas, entre culturas e até mesmo continentes. Entre meus alunos, existe um apetite real por aprender o *chōwa* e, no contexto dos negócios, por aprender a criar parcerias harmoniosas entre as diversas culturas (em Londres, ministro aulas de etiqueta japonesa nos negócios e nunca tive tantos alunos). Por outro lado, também estamos vendo novas linhas divisórias se abrindo. Por todo o mundo, empresas estão sendo responsabilizadas por sua ganância, falta de coração e ausência de valores. Estamos aprendendo, como sempre tarde demais, sobre os efeitos devastadores do estresse, do *bullying*, da discriminação sexual e do constrangimento sexual no local de trabalho. Isso também se aplica ao número crescente de autônomos que, sobretudo quando se trata de equilíbrio na vida profissional, podem ser o pior inimigo deles mesmos. Reconhecer esses problemas onde eles existem, embora seja um passo importante, não tem sido suficiente para levar equilíbrio ao modo como trabalhamos.

Quero analisar como o *chōwa* pode nos ajudar a repensar o modo como trabalhamos. Se abordarmos nosso modo de trabalhar com a correta "postura mental", podemos incluir bondade e disposição ao nosso trabalho. Também podemos aplicar as lições que discutimos nos capítulos anteriores – entre elas o aprendizado de ouvir mais ativamente – para o modo como trabalhamos. Isso nos ensinará a sermos melhores com nossos colegas e clientes, a gerenciarmos o equilíbrio da nossa vida profissional, a expressarmos descontentamento de forma construtiva e a questionarmos a "harmonia" do local de trabalho quando a coisa não estiver funcionando para nós. Neste capítulo serão abordadas as seguintes lições-chave:

- *Estar pronto para qualquer coisa.* Quero incentivar a abordagem do trabalho com a postura mental correta, para lembrar dos "sinais externos de compromisso interno". Mostrar seu comprometimento pode gerar um efeito transformador em seu local de trabalho.
- *Lembrar de sua humanidade.* Pensar em nosso trabalho como uma "busca por equilíbrio" nos permitirá apreciar o funcionamento do nosso local de trabalho. Passamos a compreender que as empresas, como qualquer grupo de pessoas, estão sempre com uma harmonia precária. Não devemos acreditar que a harmonia no local de trabalho é mais

importante do que dizer a verdade sobre abusos e excessos. Precisamos lembrar aos líderes que já aturamos ambientes de trabalho tóxicos por tempo demais.

Torne-se uma pessoa melhor

Há alguns anos, fui convidada a comparecer ao Festival Internacional de Artes Marciais, realizado em Kyoto. Tive a sorte de interagir com pessoas importantes. Não só me sentei à mesa com alguns dos melhores lutadores de artes marciais como também perto de um dos titãs da indústria do Japão. Foi difícil distingui-los. Na verdade, muitos dos maiores lutadores de artes marciais do Japão também são alguns dos principais líderes de empresas do país.

Estar na companhia deles fez com que eu sentisse que tinha que me comportar da melhor maneira possível. Todos eles tinham uma postura impecável. Senti que tinha que fazer um esforço consciente para melhorar minha postura e corresponder ao exemplo deles. Eles demonstravam habilidade e confiança até mesmo no modo como comiam. Era como observar pessoas dançando. Ao mesmo tempo, permaneciam descontraídos e amistosos.

O homem que estava à minha esquerda se apresentou como um praticante de judô. Ele se tornara CEO de uma grande empresa de *softwares*. Perguntei-lhe o que o tinha levado para as artes marciais. Como ele conseguia trabalhar e, ao mesmo tempo, manter um hobby que demandava tanto tempo e esforço físico? A resposta dele foi simples. Dando de ombros e sorrindo, ele disse: "Eu queria ser uma pessoa melhor". Ele me contou que fora derrotado em uma luta de judô por uma jovem promessa olímpica.

Ficamos conversando sobre judô como esporte olímpico. O CEO disse que tinha sentimentos mistos sobre aquilo. Ele realmente não via o judô como esporte olímpico e sim como uma arte. Medalhas de ouro, prata e bronze não combinam com essa visão. Antes de uma luta, segundo a tradição, os lutadores se curvam diante do altar colocado no *dojo*. Se os mestres estiverem presentes, os combatentes se curvam diante de seus mestres. Existe um senso de retidão e respeito, aliado ao entendimento de que combater é uma questão de vida e morte.

Certamente, os negócios prosperam na competição, mas não podemos nos permitir esquecer a importância de nossas atitudes, valores e personalidade para o modo como trabalhamos. Se uma empresa (ou um funcionário) sustenta uma reputação de sinceridade, cordialidade e força interior, então pequenas perdas e deslizes podem ser tratados com graciosidade: respeito por nossos "competidores". A preparação para nossas "lutas". A graça em nossas "derrotas". Como nas artes marciais, esses valores nos permitem lidar até com o desfecho mais desapontador. Entretanto, quando estamos sempre nos esforçando para vencer, podemos tomar decisões mal orientadas ou falhar em tratar nossos colegas com o devido respeito, esquecendo o quanto isso é grave.

Talvez, assim como o judô, os negócios sejam mais arte do que esporte.

Kokoro-gamae: a postura mental correta

O *chō* de *chōwa* é um caractere que pode ser lido como "buscar" e "estudar", mas também como "preparação". Quero lhe apresentar uma palavra japonesa estreitamente relacionada a essa leitura do caractere *chō*, e que pode nos ensinar muito sobre o tipo de "disposição" que precisamos para encontrar nosso equilíbrio no trabalho. Embora essa palavra seja mais frequentemente associada às artes marciais, ela é igualmente aplicável à prática de negócios com a atitude correta:

心 構え

kokoro-gamae

Kokoro significa, literalmente, "coração", mas também pode significar "espírito" ou "mente".
Gamae significa "postura" ou "posição". Como verbo, significa "preparar".

Os dois caracteres se combinam para significar "estado mental" ou mesmo "postura mental". Em inglês, isso costuma ser traduzido como "readiness" (disposição). Nas artes marciais, *kokoro-gamae* – "disposição mental" – está intimamente associado com *mi-gamae* – disposição do corpo (ou seja, a postura corporal, a disposição para a batalha). Essa disposição ao estilo das artes marciais, no Japão, é extensiva também ao mundo dos negócios. Sei que a maioria de nós concorda que quem se senta com os pés sobre a mesa ou age como se não desse importância ao trabalho tende a ser considerado, tanto pelos colegas quanto pelos clientes, como alguém que não está à altura do trabalho.

Posso lhe dizer o significado de "disposição" em cada trabalho – algo que será muito diferente para um professor, um executivo de vendas, um arquiteto e um profissional de saúde. Entretanto, quero explicar que tratar nossa vida profissional como uma "busca por equilíbrio" pode trazer quietude, generosidade, energia e entusiasmo a ela, em particular no que se refere a negociar com outras pessoas e construir "parcerias harmoniosas" com os clientes.[30]

Mostre o seu cuidado • Alguns ocidentais pensam que existe uma rígida formalidade no modo como os japoneses estendem os braços, entregam o cartão de visitas com as duas mãos e se curvam. Entretanto, o que para os ocidentais pode parecer uma exigência tem um propósito real e um significado.

O modo como alguém trata seu cartão de visitas é visto como uma demonstração de sua disposição, de sua "postura mental". Ter orgulho de seu cartão de visitas demonstra que você se orgulha da função que desempenha na empresa. A qualidade e a condição do seu cartão (que não deve ficar amassado no bolso e sim guardado em um porta-cartões especial) demonstram às pessoas como você conduzirá o negócio e como provavelmente irá se conduzir.

Ao receber o cartão de visitas de alguém, você deve olhar atentamente o cartão, por alguns instantes, segurando pelas bordas para não tampar nenhuma informação. Mais uma vez, não se trata de mera formalidade. Isso mostra que valorizamos a pessoa e a empresa que ela representa.

Não tema o silêncio • No Japão, não é incomum que haja silêncio durante uma reunião. Para alguns de meus alunos britânicos, isso é enervante. Será que alguém disse algo terrível? Será que ofenderam alguém? Normalmente, a resposta é não. As contrapartes japonesas simplesmente estão sendo educadas, dando uma oportunidade de fala, caso se queira dizer algo mais.

No Japão, diz-se que o silêncio é o óleo que faz tudo funcionar bem. Espera-se que haja silêncio durante as reuniões de negócios porque espera-se que todos pratiquem a escuta ativa e a "leitura das entrelinhas". E, como mencionei no contexto dos relacionamentos pessoais, o mesmo é válido para nossos relacionamentos com colegas e clientes. Prestando atenção na atmosfera, podemos aprender muito sobre as pessoas que estão em uma reunião.

Há numerosos benefícios em uma reunião ao estilo *chōwa*, em que todos pratiquem a "leitura das entrelinhas" e se veja quietude, permitindo-nos praticar a "busca pelo equilíbrio" como parte da reunião em si. Mesmo que você se comprometa por conta própria a levar mais silêncio para uma reunião, você notará que seus esforços são surpreendentemente contagiosos.

Seja paciente • Assim como qualquer um que tenha negociado com o Japão irá saber, os profissionais japoneses precisam de tempo para conhecer você. O primeiro encontro com um cliente japonês provavelmente é bastante formal. E assim também serão o segundo e o terceiro encontro. Mas, depois desse período de "conhecer você", se de fato acabar fazendo negócios com clientes japoneses, eles poderão ser uma das parcerias de negócios mais leais do mundo. É possível que se tornem bem mais que clientes; podem acabar se tornando amigos para a vida toda. Acredito que isso seja aplicável a qualquer cliente ou colega que realmente tenhamos tido tempo de conhecer adequadamente.

Com muita frequência em nossa vida profissional, em particular se estamos tentando nos vender ou nossa empresa e os serviços que ela oferece, podemos esquecer a simples virtude da paciência. Podemos acabar extenuados ao tentar freneticamente encontrar coisas que tenhamos em comum. Uma abordagem persistente pode acabar soando como desespero e necessidade: "Goste de mim, goste de mim!".

A maioria das pessoas com quem trabalhamos, seja no Japão ou em qualquer lugar do mundo, não pretende gostar ou não de você. Em vez disso, elas querem saber mais sobre suas qualidades, como você é e como é fazer negócios com você. E isso requer tempo.

Chōwa no local de trabalho
– encontrar o equilíbrio no trabalho

Encontrar seu equilíbrio no trabalho raramente é tão simples quanto se dar bem com seus colegas e clientes. Expectativas, prazos e tarefas podem se acumular; podemos ter dificuldade para gerenciar o tempo que passamos no trabalho, delegar tarefas ou garantir que cheguemos em casa a tempo, de modo a nos dar tempo suficiente para viver fora do trabalho.

O *chōwa* no local de trabalho tem a ver com prestar atenção ao que se passa com as outras pessoas, bem como ao que se passa conosco. Também tem a ver com saber como argumentar e expor nosso ponto de vista de maneira justa, porém com a coragem de nossas convicções.

Aqueça-se antes de começar seu dia • No Japão, a primeira coisa que muitos profissionais – sejam faxineiros, carteiros ou funcionários de uma grande corporação – fazem pela manhã é praticar exercícios leves ouvindo a transmissão de orientações calistênicas por um serviço público de rádio japonês, a NHK. É uma visão e tanto observar grupos de funcionários de uma empresa, de aparência séria, movendo-se em uníssono. Esses exercícios diários são chamados *rajio tais*.

Esses alongamentos leves fazem o sangue circular e dão à equipe, desde o CEO até o estagiário mais novo, uma chance de se movimentarem juntos e de se aquecerem para enfrentar o dia que terão pela frente.[31] Exercitar-se por contra própria é uma maneira fina de se preparar para enfrentar o dia que começa, mas exercitar-se com os colegas pode ser uma forma ainda melhor de fazer com que todos da organização se lembrem de alguns fatos muito evidentes: que somos iguais e que o êxito do nosso trabalho depende de cada um e de todos nós.

Se você for experimentar alguma prática de exercícios coletiva (mesmo que seja apenas um alongamento leve) com seus colegas de trabalho, sugiro começar com algumas sessões curtas. Assegure-se de estar ciente das preferências, dos limites e da quantidade de exercícios que é confortável para todas as pessoas.

Estar presente para as pessoas com quem trabalhamos: o relacionamento orientador empai/kōhai • Pensar sobre trazer equilíbrio ativamente para nossa vida não para quando saímos de casa, de manhã. Vejo com tristeza o fato de tantas pessoas pararem de pensar nas outras quando estão trabalhando. Sejam clientes, colegas ou – em um contexto mais acadêmico, como em meu trabalho – alunos e professores, podemos ganhar muito dedicando tempo às pessoas com quem trabalhamos.

No Japão, os relacionamentos entre seniores e juniores são um pouco mais formais – pelo menos em minha experiência trabalhando com executivos no ocidente. Inclusive, nos referimos àqueles que acabaram de começar a trabalhar em uma empresa como *kōhai* (júnior) e aos nossos superiores como *sempai* (sênior). Para mim, definir essas relações de uma forma um pouco mais clara traz o benefício de enfatizar as lições de *chōwa* que aprendemos no capítulo anterior, quando se trata de professores e alunos: nas relações de ensino, o respeito nem sempre é dado; é um equilíbrio que precisamos alcançar. Embora possa haver um pouco de zombaria para com um *kōhai*, e ainda que se tenha que tratar o *sempai* com respeito, a relação é de mentoria ativa e aprendizado ativo. O *kōhai* dá o melhor de si para aprender tudo que puder e dá atenção ao *sempai*. Este, por sua vez, faz o melhor que pode para garantir que seu *kōhai* aprenda as coisas rapidamente, e assim, no tempo hábil, se torne capaz de orientar as pessoas por conta própria.

No Japão, é comum que os *sempai* levem seus juniores para jantar fora. Não é apenas um modo de desestressar após um dia longo; é uma continuação das lições do dia de trabalho. Neste momento, *sempai* e *kōhai* têm a chance de falar sobre todo tipo de coisas: amor, vida, política, problemas no trabalho e as ambições de cada um para o futuro.

Administradores competentes compreendem que não há nada como "deixar os problemas em casa" ou, de fato, "deixar o trabalho no trabalho". Uma coisa bastante comum é o trabalho começar a perturbar a vida familiar, assim como as responsabilidades ou crises familiares invadirem o modo de trabalhar. Estarmos junto às pessoas com quem trabalhamos, em especial quando elas estão passando por tempos difíceis, é uma forma de praticar uma lição central do *chōwa*: garantir que respondamos da forma mais generosa que pudermos em qualquer situação.

- Como você poderia ser uma mentora melhor para as pessoas com quem trabalha?
- Como você poderia ser uma aprendiz melhor quando tiver que aprender com outras pessoas, no trabalho?

Equilibre o trabalho com o tempo livre ● Se você for parecido comigo, pode ter dificuldade para se dar um tempo livre. Se afastar do que é importante pode ser genuinamente difícil.

O que você faz no tempo livre dependerá de você e do que você gosta de fazer. A coisa mais importante a lembrar ao gerenciar seu tempo livre é dar o melhor de si para valorizar tanto a sua "hora de trabalhar" como a sua "hora livre".

Como afirmei no Capítulo 1, quando vamos para casa, pensamos no relaxamento como uma forma de preparação, parte da "postura mental" (*kokoro-gamae*) que precisamos cultivar para enfrentar cada dia.

Valorize realmente a sua hora livre. Isso pode não soar muito relaxante, mas sempre tento preencher cada minuto com aprendizado, práticas e me mantendo ativa. Para meu esposo, Richard, essa constante necessidade de estimulação e a minha necessidade de trabalhar são exaustivas. Nós chegamos a um acordo. Quando passamos um tempo livre juntos, planejamos fazer ou ver alguma coisa – por exemplo, sair para uma longa caminhada ou visitar algum museu interessante.

Quando eu pensava em tempo livre como "tempo de parar", era muito mais difícil me dar isso. Para aqueles que são como eu, que acham difícil "desligar", saibam que vocês não têm que fazer isso. Planejar o que fazer com seu tempo livre, mesmo que seja ler um livro ou cozinhar com a família, ajudará a valorizar o tempo em que você não está trabalhando.

#WeToo – resistindo à violência sexual e à discriminação sexual no Japão

A adesão ao #WeToo tem sido lenta no Japão, um país onde muitas pessoas têm dificuldade para se queixar publicamente sem que suas palavras sejam usadas contra elas. Refiro-me, aqui, às mulheres jovens da indústria do entretenimento, que têm sido estupradas e têm que se desculpar por se apresentarem para relatar o estupro.[32] Amigas minhas tentaram levar seus agressores ao tribunal – e acabaram sendo ameaçadas com processos legais. Repetidamente, é ensinado às mulheres que, quando se trata de falar sobre violência sexual, em particular no local de trabalho, é possível que suas carreiras e até mesmo as carreiras de seus familiares sejam ameaçadas.

Os organizadores do movimento #WeToo, em um esforço para desafiar os preconceitos existentes na sociedade japonesa contra as "vítimas", decidiram reestruturar a conversa, para enfocar aquilo que cada pessoa pode fazer para construir locais de trabalho que adotem uma política de tolerância zero à violência e ao assédio contra mulheres. O movimento #WeToo tem o objetivo de desafiar uma cultura em que é difícil falar por meio do poder dos profissionais legais e do suporte de líderes da indústria comprometidos em mudar o sistema. O movimento foca a transformação do modo como as pessoas falam sobre violência sexual e assédio em público, para que as histórias das mulheres possam ser ouvidas.[33]

Falar quando realmente importa

No Japão, existe um provérbio famoso relacionado a reclamar no trabalho:

> *kusai mono ni, futa wo suru*
> "Se está fedendo, tampe"

Este é um dos ditos menos "sábios" que o Japão tem a oferecer. Se as pessoas não falarem, nada nunca irá mudar. Contudo, no Japão, a lição desse provérbio está enraizada, particularmente nos idosos. A pressão para não ficar malvisto, preservar a integridade da empresa ou a reputação do superior implica que as pessoas não meçam esforços para preservar o *status quo*.

Esse medo de falar e se manifestar não é exclusivo do meu país. O medo e o perigo são muito reais. Se não escolhermos nosso momento com cuidado, podemos terminar nos metendo em confusão, não importa o quão justa seja a nossa queixa ou a nossa causa. Ao mesmo tempo, quando se trata de enfrentar deslealdade, abuso ou uma ardente injustiça – ou de desafiar o modo como os negócios são feitos, não queremos ter que sufocar sentimentos de mal-estar. Queremos que a nossa voz seja ouvida. Por isso apresento, aqui, algumas ideias sobre como e quando falar.

Informe-se • O *chōwa* tem a ver com encontrar as circunstâncias de cada ação antes de agir. Quando buscamos equilíbrio no trabalho, essa investigação incluirá procurar saber o lugar que a empresa onde trabalhamos se situa no que se refere às questões importantes para nós. Caso seja uma prática de negócios que você esteja desafiando, descubra por que a sua organização faz coisas de determinada maneira, e se foram consideradas outras formas de fazer as coisas. Tente sondar um membro sênior da equipe de sua confiança, de modo a ter o máximo de informação possível ao seu dispor antes de entrar em ação ou falar. Talvez você seja a única pessoa com coragem suficiente para fazer certos questionamentos. Muitas pessoas podem sentir o mesmo que você, mas um motivo ou outro as impede de encontrar uma forma de falar ou de mudar as coisas. Para muitos de meus amigos e para as mulheres com as quais trabalhei no Japão, tais impedimentos são o *bullying*, o assédio sexual e a discriminação sexual no local de trabalho. Meu conselho é que essas pessoas se encontrem, conversem e compartilhem suas experiências com quem também esteja enfrentando problemas semelhantes.

Aos leitores que procuram um lugar para ler ou postar histórias de sexismos do dia a dia, em particular, recomendo que vejam o site *everydaysexism.com* e a conta associada do Twitter. Algumas histórias relatadas nesse site serão bastante familiares, e você também poderá encontrar histórias perturbadoras. Entretanto, em um mundo no qual muitos de nós se sentem impedidos de compartilhar tais histórias, mesmo essas podem fazer com que nos sintamos menos sozinhos.

Para os leitores no Japão, ou para aqueles que desejam encontrar mais fontes sobre discriminação, sexismo e violência sexual, recomendo que olhem o trabalho da jornalista Shiori Ito, em particular o documentário *Japan's Secret Shame* (2018) (em tradução livre, *A vergonha secreta do Japão*).[34]

O *chōwa* nos ensina que encontrar coisas em comum com os colegas de trabalho pode nos ajudar a abordar injustiças ou práticas precárias no local de trabalho de forma construtiva, para que a harmonia no ambiente comece a ser efetiva para todos. Ao propor uma mudança, uma nova direção ou um novo modo de fazer as coisas – ou ao dar voz a uma queixa justificável, quanto mais você considerar os outros, mais poderosa será a sua sugestão. Um "nós" pode ser bem mais poderoso do que um "eu".

Faça perguntas • Uma pergunta não é uma queixa. É uma forma antiga de expressar divergência e discordância. Em vez de dizer: "Não concordo que devemos fazer isso desse jeito", tente perguntar: "Por que fazemos isso desse jeito?" ou "Já pensamos em outras formas para fazer isso?". Certamente, alguns empregadores farão de tudo para se livrarem de perguntas como estas. Mesmo assim, nós geralmente aprendemos mais sobre nossos superiores, além de ensinarmos aos nossos colegas o que já sabemos, fazendo perguntas de maneira reservada e, então, caso as respostas sejam insatisfatórias, de uma maneira um pouco mais pública.

Diga a verdade • Existem muitas questões sobre as quais as empresas não necessariamente gostam de falar, desde o estresse no local de trabalho até a discriminação sexual. Isso é especialmente verdadeiro no Japão. Pode ser visto como uma distração indesejada. Os diretores e líderes de organizações priorizam a "harmonia no local de trabalho", uma ideia distorcida do *chōwa*, que na realidade implica em pessoas engajadas em seus trabalhos e não em uma busca genuína de um local de trabalho mais equilibrado.

Embora coisas similares aconteçam em locais de trabalho no mundo inteiro, há certos problemas que são particularmente pronunciados no Japão. Nos trens, a caminho do trabalho no Japão, os executivos leem pornografia abertamente. São muitos os casos de homens que tocam mulheres e meninas de maneira inadequada enquanto estão no trem, a caminho do trabalho.[35] Há bem pouco tempo, em uma faculdade de medicina de Tóquio, as notas no exame de admissão à universidade de medicina eram manipuladas para garantir que um número maior de homens que de mulheres se tornasse médicos.[36]

Os negócios podem ter uma cultura onde os ataques sexuais não são relatados ou são abafados pelo bem da harmonia do local de trabalho: estima-se que 95% de todos os ataques sexuais ocorridos no Japão não são denunciados.[37]

Conto isso a você porque a preservação da "harmonia do local de trabalho" e do *status quo* permite que tal abuso continue. Trata-se de uma interpretação grosseira e má do *chōwa* – uma "harmonia" que só funciona para uma pequena minoria. Quanto mais dizemos a verdade, mais tendemos a construir um equilíbrio real em nossos locais de trabalho.

Nem a hora, nem o lugar • Depois que meu primeiro esposo e eu nos separamos, tive que passar vários meses difíceis resolvendo o que eu iria fazer. No fim, a resposta estava bem na minha frente. Eu sempre amei aprender inglês. Era fascinada pela cultura britânica – a etiqueta, o sistema de classes, a história da democracia britânica, as sufragistas e, é claro, os filmes britânicos: o meu favorito era *My fair lady* (*Minha bela dama*, 1964). Decidi criar uma escola de idiomas em Saitama para ensinar o inglês britânico (em vez de inglês americano).

Os homens que conheci no exercício do meu papel de diretora da escola perguntavam-me abertamente o que eu, uma mulher jovem, pensava que estava fazendo lá. Alguns chegavam a rir de mim. Outros olhavam para baixo, sentindo-se desconfortáveis. Uma jovem mulher como eu não deveria estar dirigindo uma empresa própria. Eu deveria usar roupas elegantes e servir ao meu esposo. Certamente, eu não deveria falar sobre assuntos relacionados a negócios.

Você pode ter percebido que a popular personagem de desenho animado conhecida como Hello Kitty, uma menininha meiga parecida com uma gatinha, não tem boca. Isso não é coincidência. Desde o tempo da escola até o momento em que ingressei no mundo do trabalho no Japão, sempre foi claro que, assim como a Hello Kitty, eu deveria ser meiga, bonita... e quieta. Isso melhorou quando mudei para o Reino Unido, porém esses problemas persistem também na sociedade britânica.

Quando eu dirigia a escola de inglês britânico em Saitama, tinha que comparecer a uma reunião mensal dos comerciantes locais do distrito. Eu era uma das duas mulheres presentes na reunião, em meio a cerca de vinte proprietários de negócios. A outra mulher na sala dirigia uma casa de acompanhantes. Depois que a reunião terminava, todos eram sempre convidados para ir à casa de acompanhantes. Eu costumava ir, mesmo quando se tornava claro que eu não era bem-vinda. Eu me sentava entre os comerciantes do grupo, na maioria homens por volta dos 60 anos de idade, enquanto as jovens filipinas e tailandesas que os serviam se ajoelhavam diante deles e serviam seus drinques, chamando-os de *sensei* ou "mestres".

A hora e o lugar para esse tipo de "entretenimento" certamente não cabiam a um grupo misto de comerciantes. Não era o tipo de ambiente que fazia eu me sentir respeitada ou valorizada como colega proprietária de um negócio. Ele fazia eu me sentir humilhada.

Gostaria de dizer que as minhas experiências me fortaleceram; que aprendi muito administrando um pequeno negócio como uma mulher, no Japão. E, em determinado nível, aprendi. Entretanto, o sentimento que me esmagava era o de ser nocauteada repetidamente. Conseguir falar sobre essas experiências agora é um sinal de que é possível mudar as coisas, ainda que lentamente, para melhor.

Lições do *chōwa*:
Trazer equilíbrio para o modo como trabalhamos

Utilizar o *chōwa* nas reuniões
- Decidir com antecedência as questões que você precisa discutir, quais merecem ser discutidas em grupo e quais podem ser resolvidas de forma mais efetiva por e-mail ou em reuniões individuais.
- Na reunião, dê atenção a quem está falando. Responda as perguntas diretas quando pedirem a sua opinião.

- Quando ninguém tiver nada mais a acrescentar, resista à tentação de falar. Em vez disso, use o silêncio para coletar pensamentos e se preparar para o próximo item da agenda.

Criar relacionamentos harmoniosos com clientes e colegas
- Não pense que conseguir conhecer as pessoas é uma batalha. Quando estamos ávidos demais, em especial quando estamos tentando vender alguma coisa, acabamos, na melhor das hipóteses, forjando conexões superficiais, sem realmente conseguir conhecer a outra pessoa. Na pior situação, podemos de fato aborrecer alguém se tentarmos avançar cedo demais.
- Seja um colega ou um cliente, dedique tempo para realmente conhecê-los. Esta é a melhor forma de conquistar um negócio novo e novos amigos, e de formar relacionamentos harmoniosos com outras pessoas, estejamos ou não fazendo negócios com pessoas no Japão.

#WeToo
- Basta digitar #WeToo no Twitter para ver o quanto a discussão do #WeToo está crescendo. O #WeToo tem a ver com melhorar as condições no local de trabalho e mudar as atitudes sociais em relação ao modo como o assédio, a discriminação e o ataque sexual são tratados, tanto no trabalho como na sociedade.

Do Japão à Coreia do Sul, da Austrália à Índia, bem como aqui no Reino Unido, o #WeToo está voltado para a melhoria da vida das mulheres do mundo inteiro.[38]

ALCANÇAR MUDANÇAS MAIORES

"Antes não tivesse, nas horas de paz,
aprendido a olhar a vida com leveza."
– Ōta Dōkan (1432-1486)[39]

O *chōwa* nos ensina a determinar o que podemos fazer para deixar as pessoas à vontade, seguir o fluxo, incorporar um espírito de realismo e flexibilidade em nossa vida. No entanto, a harmonia não acontece por si só. A busca por equilíbrio nem sempre é tão simples quanto aceitar as coisas como elas são. Algumas pessoas se contentam em aceitar a injustiça simplesmente como sendo o modo como o mundo funciona. Para elas, o estado do mundo como está, a "harmonia" prevalente, funciona. Entretanto, quando nos deparamos com a discriminação, ou vemos o sofrimento das pessoas que se desiludem com o modo como o mundo é, ou ainda o modo como estamos conduzindo as coisas no presente, imediatamente reconhecemos a injustiça pelo que ela é: um desequilíbrio que pode, e deve, ser corrigido.

Grande parte da execução de mudanças positivas – em nossos locais de trabalho, em nossas famílias ou em nossas comunidades – consiste em ouvir o que está acontecendo com as pessoas e aprender a compartilhar tanto as dores quanto as alegrias delas. Sabemos como pode ser um alívio conseguir falar sobre dor, estresse ou desconforto, e compartilhar nossos sentimentos sobre uma situação estressante pela qual estejamos passando. Ouvir de fato os outros significa dar-lhes esse espaço para descarregar. Há quem seja levado a fazer mais que isso. Quando se trata de compreender as raízes do ódio, ou ouvir o clamor das vítimas de desastres, temos a responsabilidade não só de ouvir, mas também de aprender. E, tendo feito nossa investigação – o *chō* do *chōwa* –, cabe a nós encontrar forças para agir, como indivíduos e comunidades. Neste capítulo, quero discutir como o *chōwa* inspirou meu trabalho assistencial, primeiro com a Burma Campaign Society e, depois, com a instituição assistencial fundada por mim, a Aid For Japan, que sustenta órfãos do terremoto e tsunami de Tōhoku, ocorridos em 2011. As principais lições deste capítulo são:

- *Abrir-se para a dor dos outros.* Envolver-se em ajudar e fazer a diferença são atitudes que podem começar ouvindo a história de alguém. Isso, em sim já pode ser um ato de generosidade. O *chōwa* tem a ver com compartilhar a carga de dor com outros e, se pudermos, aprender com isso.
- *Fazer a lição de casa e garantir estar preparado.* Temos falado sobre encontrar o equilíbrio com uma abordagem mais ativa para a paz – o *wa* do *chōwa*. Entretanto, antes de agirmos, precisamos dedicar tempo para estudar as questões com as quais planejamos nos envolver, não importa o

quanto pensamos que sabemos nem o quão apaixonados estejamos por elas. O *chōwa* tem a ver com usar o que temos para ajudar e trabalharmos unidos para construir comunidades melhores. Significa garantir que tenhamos suporte antes de ajudar os outros. Significa perguntar aos necessitados: "Como posso ajudar você?", em vez de decidir por eles.

"Não se preocupe em me pagar"

No dia 10 de março de 1945, um único bombardeio destruiu mais de 38 quilômetros quadrados da cidade de Tóquio. As bombas abriram buracos nos telhados, e algumas casas explodiram com o impacto. Outros bombardeios lançaram napalm, incendiando em segundos as casas japonesas que eram construídas com os mesmos materiais que descrevi quando contei sobre a casa da minha família – madeira, papel, palha e terra levemente compactada. Mais de 100 mil cidadãos morreram. Mais de 1 milhão de pessoas ficaram sem casa.[40] Do lado de fora da fazenda da minha avó, em Musashi, minha mãe, que ainda era criança naquele tempo, ficou olhando Tóquio em chamas. Ela se lembra da luz que vinha dos incêndios, tão brilhante quanto o sol do meio-dia.

Enquanto os refugiados dos bombardeios escoavam para o interior, minha avó disse que quis fazer alguma coisa para ajudar. A família dela não tinha dinheiro para comprar roupas nem construir casas novas para todos, mas ela usou os recursos de que dispunha para proporcionar-lhes todo o alívio que podia. Tomar banhos regulares e manter a limpeza é um luxo que os japoneses raramente menosprezam. Em particular após os desastres, a impossibilidade de realizar uma limpeza adequada pode ser fonte de grande estresse. Como a família da minha mãe fabricava caixas de madeira paulownia, eles cultivavam uma pequena floresta perto de casa e tinham uma ampla banheira ao ar livre, na qual cabiam confortavelmente três ou quatro pessoas ao mesmo tempo. Minha avó organizou uma corrente humana para encher a banheira com água limpa proveniente de um lago próximo. Essa água era aquecida e vertida dentro da banheira. Minha mãe fazia parte da cadeia, ao lado de outras crianças da vila. Uma fila de sobreviventes se reuniu para tomar banho, com três ou quatro entrando na banheira de cada vez. Imergir em uma banheira funda, até a altura dos ombros, ajuda a acalmar a mente, até mesmo nos tempos mais difíceis. Na água aquecida, os sobreviventes podiam ter tempo para relaxar, encontrar um momento de calma em meio ao caos e conversar uns com os outros. Eles se lavavam, limpavam a fuligem e as substâncias químicas que estavam na pele deles, e então prosseguiam suas jornadas.

Os ataques aéreos, aliados às colheitas ruins nos anos de 1944 e 1945, implicaram o racionamento de comida por um longo período após o fim da guerra. Somente pessoas como a minha avó, que cultivava sua plantação, escaparam do pior. Entretanto, os vizinhos da minha avó não tinham uma fazenda. Eles não tinham como plantar nem comprar seus alimentos. Certo dia, eles pediram ajuda à minha avó. Eles não tinham dinheiro para comprar comida. Ela não tinha dinheiro para dar, mas deu a eles um grande saco de arroz. "Não se preocupe em me pagar", disse-lhes. "Aceitem como um presente". Foi graças a ela que aquela família sobreviveu.

Anos depois, quando minha irmã começou a frequentar uma escola nova, percebeu que uma de suas colegas de classe pertencia àquela família. Lembro-me dela chegando em casa, de volta da escola, e contando que uma menina da mesma classe tinha agradecido a ela pelo que nossa avó tinha feito.

A generosidade da minha avó foi guiada por um espírito de *chōwa*, de pensar com frieza e calma no que exatamente a outra pessoa necessita para sobreviver, no que seria mais benéfico.

Anos depois, quando eu cogitava criar a minha instituição assistencial, fiz essa pergunta a mim mesma e àqueles a quem eu ajudaria: "Do que você mais necessita? O que posso fazer para garantir que você tenha isso?".

Superação do ódio

Muitas pessoas se envolvem em uma ação de caridade ou comunitária quando algum problema afeta a vida delas. Para mim, isso aconteceu quando, pensando ter alcançado meu equilíbrio pessoal, tive várias experiências que fizeram eu me sentir vulnerável, como quando cheguei no Reino Unido. Tais experiências confirmaram meus piores temores sobre o que os ingleses realmente pensavam de pessoas como eu.

Há mais de duas décadas, ministrei uma palestra sobre cultura japonesa em uma escola de Ipswich. Depois da palestra, fui abordada por um cavalheiro idoso que se levantou assim que terminei de falar. Ele contou que era veterano da Segunda Guerra Mundial. Tinha servido o exército britânico em Myanmar, antiga Burma. Ele foi capturado pelos japoneses e retido em um campo de prisioneiros de guerra, onde foi torturado. Muitos de seus amigos morreram lá. Disse-me que jamais poderia perdoar meu país nem meu povo. "Eu odeio os japoneses", disse ele.

Falar sobre o ódio • As demais pessoas que estavam no evento me defenderam. Disseram a ele que eu era jovem demais para ter envolvimento naquilo. Que eu não tinha culpa. Eu lhes disse que estava tudo bem, e que estava preparada para conversar com o homem. Quanto mais ele falava, mais entendíamos o quanto ele estava ferido. Quando ele se acalmou, começou a ficar mais emocionado. Sua ira, a frustração por não ser ouvido, começou a declinar. Ele contou que, após retornar da guerra, estava convencido de que seria impossível retomar a vida civil. Ele tinha pesadelos horríveis. Às vezes, sentia que toda a sua família estava contra ele. Lamentava por ser um peso tão grande para a esposa e os filhos. Ele já não via a família e costumava se sentir muito sozinho. Após o trauma do campo de concentração japonês, nada mais voltara a ser como era antes para ele. Percebi que aquele problema não se resolveria sozinho. Enquanto as pessoas em meu próprio país não entendessem as razões daquele ódio, e enquanto as pessoas que viviam na Grã-Bretanha não tivessem oportunidade de falar com o povo japonês, o veneno continuaria a se espalhar.

Conhecer os motivos do ódio • Eu queria descobrir mais, por isso compareci a uma palestra na SOAS University, em Londres. O palestrante era um homem chamado Masao Hirabuko. Tratava-se de um ex-oficial do exército que servira em Myanmar na Segunda Guerra Mundial. Depois de aposentado, ele passou a escrever cartas a oficiais dos exércitos do Reino Unido e do Japão que haviam lutado nas proximidades de Myanmar. Ele convidava os oficiais para um encontro anual realizado na Coventry Cathedral. O propósito dessas reuniões era a paz, a reconciliação e uma chance de compreender os motivos do ódio que antigos soldados nutriam uns pelos outros e por seus respectivos países. Depois de ouvi-lo falar, trabalhei para Masao Hirabuko e a Burma Campaign Society por quase 10 anos.

O sr. Hirabuko ingressou no exército japonês em 1942 e rapidamente chegou ao posto de tenente. Ele descreveu como, ao lado de seus camaradas, foi submetido à lavagem cerebral no decorrer de vários anos de educação, sob o governo militar e a ideologia do Estado japonês. Para ele, foi fácil pensar no inimigo como inferior a um ser humano. Ele jamais conhecera um britânico ou americano antes de enfrentá-los em combate. De minha parte, só tinha a lembrança da minha mãe na escola primária – ela me contara como ela e suas colegas de classe afiaram suas *naginata* para esperar pelos soldados americanos, prontas para lutar até a morte – o que nos faz compreender quão perigosa foi essa ideologia.

Perdoar os inimigos • O sr. Hirakubo era um homem de idade já muito avançada quando o conheci, por isso uma parte do meu papel era ajudá-lo nas viagens, carregar suas bagagens, organizar eventos e lidar com a publicidade. Éramos somente eu, uma mulher britânica chamada Phillida Purvis e o sr. Hirakubo, por isso eu sentia que realmente estava fazendo a diferença. Para mim, os eventos anuais realizados na Coventry Cathedral eram incrivelmente comoventes. Os homens se reuniam, cumprimentavam-se e diziam uns aos outros: "Naquele tempo, nós apenas pensávamos em cumprir nosso dever e lutar pelo nosso país. Éramos bons soldados. Hoje, podemos ser amigos". Era o sr. Hirakubo quem supervisionava os eventos. Todo verão, ele voltava para servir um número cada vez menor de antigos camaradas e inimigos.

Hoje, restam poucos sobreviventes. O sr. Hirakubo, aos 84 anos de idade, foi premiado pela OBE por seu trabalho de reconciliação. Ele faleceu enquanto dormia, aos 88 anos de idade.[41]

Ajudar os que continuam vivos: Aid For Japan

Em 11 de março de 2011, a região de Tōhoku, a nordeste do Japão, foi atingida por um terremoto de magnitude 9.0. O terremoto e o tsunami causaram a morte de 25 mil pessoas e deixaram mais de 500 mil desabrigados. Mais de 1.200 crianças perderam ao menos um dos pais, enquanto mais de 250 ficaram órfãs.

Na noite de 11 de março de 2011, recebi uma ligação de minha filha. Ela me disse para ligar a televisão e enviou um link para que eu visse o noticiário ao vivo. Permanecemos por algum tempo ao telefone, assistindo à cena que era repetida várias vezes. A onda se movendo. A onda entrando, engrossada com barro e debris, carregando barcos grandes e *containers*. Conforme se aproximava, a água ia engolindo postes de luz e varrendo casas e pessoas: casais, mães e pais, seus filhos.[42]

Estar pronto • Minha filha e eu não podíamos simplesmente largar tudo e pegar um avião para o Japão. Ela precisava terminar uma atribuição para a faculdade. Eu tinha um trabalho de tradução que acabara de aceitar. Resolvemos terminar nossas tarefas antes de fazer qualquer coisa. Concordamos que tínhamos que nos preparar como pudéssemos para viajarmos para Tōhoku e nos envolvermos.

Sugiro fortemente que, ao se envolver em uma obra de caridade, você tenha a certeza de estar em posição adequada para fazer isso. O *chōwa* tem a ver com encontrar seu equilíbrio tendo consciência tanto dos outros como de si mesma. Em nenhuma outra situação isso é mais importante do que quando se está ajudando outras pessoas.

Saiba o que quer conseguir • Quando minha filha e eu assistimos ao noticiário, pensei nas crianças cujas escolas tinham sido construídas em terrenos mais altos e que tiveram que assistir à água varrendo suas casas e cidades. Meu coração foi encontrar essas crianças. Pensei em minha experiência como mãe solteira no Japão, no quão terrível pode ser estar em um país onde cada aspecto da sociedade se baseia em fazer parte de uma família nuclear. Ser órfã pode ser tão ruim quanto ser filha de uma mulher divorciada (como sei tão bem), quando se trata de oportunidades de trabalho ou encontrar um parceiro em uma fase mais tardia da vida.

Resolvi criar uma instituição assistencial para dar suporte a essas crianças – os órfãos do tsunami. Eu queria fazer o que estivesse ao meu alcance para ajudar a educá-las, pelo menos até que se tornassem adultas e pudessem cuidar de si mesmas. Esse foi o início da minha obra assistencial, o Aid For Japan.

Faça sua investigação • Além de lidar com os aspectos legais e burocráticos que envolvem estabelecer uma nova instituição assistencial, eu me preocupava bastante com estar fazendo a coisa certa para aquelas crianças. Entrei em contato com várias organizações assistenciais e não assistenciais, além de professores tanto do Reino Unido como de Tōhoku, para conversarmos sobre minhas ideias para a obra de caridade.

Uma parte importante da nossa pesquisa foi visitar Tōhoku. A primeira visita ocorreu depois de dezembro de 2011. Programamos visitas a três orfanatos e conhecemos outras crianças em suas residências. Em uma dessas visitas, nos sentamos com o tio e a tia de uma criança que havia perdido os pais, os avós e a irmã no tsunami. Aqui, nós a chamaremos de Miki-san.

Miki estava brincando alegremente com suas amigas, do lado de fora da casa. A luz do sol insidia sobre um retrato, sobre a cornija da lareira. Era o retrato da irmã dela, que morrera no tsunami. Ela era um ano mais nova que Miki. Se as duas fossem da mesma idade, ambas teriam estado a salvo na escola, quando a onda veio. Em vez disso, Miki perdeu os pais, os avós, a irmã mais nova e também o gato de estimação. Miki estava sob os cuidados do tio e da tia, mas eles já tinham seus filhos para cuidar. Eles estavam a ponto de enviá-la para um orfanato. No Japão, as taxas de adoção são extremamente baixas, por isso Miki provavelmente passaria pelo menos os próximos seis anos em um orfanato.

O caractere *chō* de *chōwa*, como já disse, também está presente no verbo "investigar". O primeiro passo para levar qualquer tipo de equilíbrio significativo à vida das pessoas é descobrir tudo que for possível sobre a situação delas e suas necessidades. Você também tem que descobrir – assim como fez a minha avó, pensando nos recursos imediatamente disponíveis – a melhor maneira como pode contribuir. Fazer a sua pesquisa não é apenas descobrir os fatos, mas garantir que você conheça tudo que puder sobre as pessoas que deseja ajudar. Isso pode envolver não só olhar para as necessidades imediatas delas, mas para aquilo que elas poderão precisar daqui a um, dez ou mais anos. Ao pedir conselhos sobre o que você pode fazer, sempre que possível, pergunte às pessoas que estão tentando ajudar. O que tornaria a vida delas mais fácil? O que minimizaria seu sofrimento? Abandone as ideias que você tem sobre o que você acha que elas deveriam estar fazendo.

Use a sua comunidade • Conversei com todos os amigos e alunos que pude sobre meus planos para a instituição de caridade. Eles faziam perguntas úteis e conversar com eles me ajudou a desafiar minhas ideias e propósitos. Um aluno me convidou para ir a um programa de rádio de fim de semana, para falar sobre o tsunami. Depois de alguns dias, fui procurada por um advogado que ouvira o programa. Ele e outro advogado se ofereceram para prestar consultoria legal gratuita para estabelecer todas as coisas. Meus alunos ajudaram realizando ações para levantar fundos e não demorou até conseguirmos o suficiente para iniciar o trabalho de fato.

Não se trata apenas do que você já fez, e sim do que você vai fazer em seguida • O Aid For Japan organiza um curso residencial especial de verão no Japão. Esse curso oferece uma oportunidade para voluntários ingleses e órfãos do tsunami interagirem e se divertirem juntos. Os cursos proporcionam uma ampla gama de atividades que promovem a construção de confiança e o aprendizado do inglês. Os eventos incluem exercícios de construção em equipe, visitas a abrigos de animais e aprendizado sobre as diferenças culturais entre o Reino Unido e o Japão. Muitos de nossos voluntários internacionais fazem amigos para a vida inteira. O Aid For Japan também conduz um programa *"home-stay"*, em que os órfãos do tsunami são convidados a se hospedarem no Reino Unido.

Entretanto, à medida que as crianças vão crescendo, nós não queremos desaparecer. Também desejamos fazer o que pudermos para ajudar o contínuo processo de recuperação em Tōhoku, uma região que há muito tempo sofre discriminação e é ignorada pelos políticos de Tóquio. Queremos fazer parte das mudanças que têm ocorrido na região em consequência do desastre.

A longo prazo, os objetivos da Aid For Japan são ajudar e cuidar desses órfãos por meio de uma série de iniciativas e programas de suporte. Isso significa renunciar às visitas e viagens de férias em favor de algo novo. Depois de uma década, muitas das crianças com as quais começamos a trabalhar ainda guardam memórias do tempo que passaram no Reino Unido. Em Tōhoku, os estudantes têm algumas oportunidades de viajar para fora do Japão e vivenciar a experiência de estudar no exterior. Assim, queremos dar início a um programa de educação superior que atinja não só os 250 órfãos do desastre como também a região nordeste do Japão, de uma forma mais ampla. Esperamos proporcionar às crianças, cada vez mais, a chance de ampliarem seus horizontes, verem o mundo e aprimorarem o inglês (um dos maiores impulsionadores de oportunidades no Japão). No espírito do *chōwa*, temos feito o melhor que podemos para enxergar a situação como ela é e adaptarmos nossas atividades de modo a ajudar aqueles a quem servimos, da melhor forma que pudermos.[43]

Estar de fora: os perigos e os benefícios

O trabalho assistencial tem algumas desvantagens. Quando pessoas bem-intencionadas e despreparadas viajam pelo mundo, mesmo que tenham a melhor das intenções, podem acabar se envolvendo em questões sobre as quais nada sabem. Isso pode ser insultante, na melhor das hipóteses, ou até danoso, na pior delas. Temos que ter tudo isso em mente e, acima de todas as coisas, ouvir as comunidades que estamos ajudando.

No entanto, estar de fora às vezes pode ter suas vantagens. Certa vez, visitei um dos centros de acomodação temporária em Tōhoku. Era um ginásio de esportes convertido em alojamentos individuais onde as famílias dormiam. Era muito apertado. Havia uma área onde os sobreviventes e voluntários podiam se servir de chá e café. Encontrei-me sentada sozinha com uma mulher que, depois de alguns instantes, contou: "Perdi meus três filhos no tsunami". Disse-lhe que não conseguia imaginar o quanto aquilo era difícil para ela. Ela assentiu e, então, começou a chorar. "Obrigada por vir", disse. Respondi que tinha feito muito pouco, mas ela balançou a cabeça. "É um alívio conseguir chorar na sua frente. Não quero chorar na frente das outras mulheres. Todas perderam um filho. Mesmo que saibam que perdi meus filhos, não quero chorar na frente delas porque não quero que pensem que a minha dor é maior do que a delas. Mas, com você, posso chorar".

Ajudar as pessoas com o poder do *chōwa*

O *chōwa* estava por trás de grande parte da minha atitude de ajudar as pessoas. Ele deu um tipo de "mapa" para que eu me envolvesse. Gostaria de compartilhar com você esses passos do *chōwa*, na esperança de que possa lhe ser útil, caso você decida começar a trabalhar para alcançar uma mudança positiva em sua comunidade ou se envolva com alguma obra assistencial.

Lições do *chōwa*: Fazer mudanças maiores

Questões que você deve se perguntar antes de começar a ajudar os outros:

- Você está realmente pronto para fazer o trabalho com o qual planeja se envolver? Você dispõe de tempo e energia para se comprometer com esse trabalho?
- Você investigou a questão, o problema ou a comunidade que deseja ajudar da forma mais abrangente possível? Conversou diretamente com as pessoas que quer ajudar?
- Você está aproveitando totalmente a rede de pessoas que conhece no trabalho e em sua comunidade?
- Você refletiu com cuidado sobre o que deseja realizar?

Parte 3

EQUILIBRAR O QUE É MAIS IMPORTANTE

第3章
大事な時には調和！

# HARMONIA DOS ALIMENTOS

Itadakimasu
Humildemente, recebo este alimento.
– Palavra em japonês que corresponde a "Bom apetite"

O que a comida japonesa tem a ver com o *chōwa*? Com encontrar o equilíbrio? Com harmonia? A arte da culinária japonesa tradicional é chamada *washoku* – usando o mesmo caractere *wa* contido em *chōwa* que, do mesmo modo como significa "paz", também pode significar "japonês" (como em *wa-fū*, "estilo japonês", ou em *wa-fuku*, "roupas japonesas"). Assim, *washoku* significa, literalmente, "comida japonesa". Entre os pratos típicos japoneses estão o macarrão *ramen*, as panquecas japonesas (*okonomiyaki*) e o *tempura*. Entretanto, *washoku* se refere a muito mais do que isso. Não significa apenas "comida japonesa". Os outros significados de *wa* são tão presentes aqui quanto na palavra *chōwa*. Por trás do preparo, a apresentação e até mesmo o consumo de *washoku* são fundamentados em habilidades, conhecimento e tradição, fazendo com que até a refeição mais simples seja uma experiência profunda de cultura e uma lição de história viva – e de equilíbrio.

Quero me ater aos elementos da *washoku* que melhor exemplificam o *chōwa*. Focaremos, em particular, a refeição *kaiseki*: um banquete com múltiplos pratos, que reúne até 14 preparações diferentes nas quais cada pequeno ingrediente e cada detalhe da decoração são considerados. Trata-se de uma *masterclass* meditativa sobre equilíbrio. Contudo, não só na cozinha gourmet, mas em toda a culinária *washoku* – da comida de lanchonete à refeição preparada em casa para uma pessoa – podemos ver o *chōwa* em ação. Este capítulo discutirá as seguintes lições-chave:

- **Encontrar o equilíbrio com *washoku*.** A culinária japonesa é um equilíbrio cuidadoso de cinco sabores, cinco estilos de culinária e cinco cores. Neste capítulo, explicarei como incorporar a filosofia *washoku* à culinária. Isso levará você a repensar sua relação com a comida.

- **Alimentar-se em harmonia com a natureza.** Ao olharmos para a *shōjin ryōri*, a culinária budista, vemos como a *washoku* transmite um respeito profundo pelos ingredientes, uma consciência da passagem das estações e o comprometimento com desperdiçar o mínimo possível. A *washoku* nos oferece lições não só de equilíbrio pessoal, mas como também sobre como encontrar harmonia na comunidade e no mundo natural.

Elementos da *washoku*

A comida pode ser uma força balanceadora capaz de nos devolver a nós mesmos, conforme você deve saber, se já se sentiu restaurada depois de ter consumido uma refeição caseira completa. Isso se aplica particularmente à *washoku*. Uma única amostra da exclusiva mistura de texturas e sabores da *washoku* é suficiente para resolver qualquer conflito interno e voltar a se sentir em paz com o mundo. A comida *washoku* costuma ser mais salgada, embora também seja discretamente adocicada, talvez até um pouco amarga, e cheia de *umami*. (Originalmente, o significado literal da palavra japonesa *umami* é "sabor delicioso". Hoje, ela é amplamente usada pelos cientistas de alimentos para descrever um sabor temperado forte, não só de pratos japoneses, mas de uma ampla gama de alimentos, como cogumelos, molho de soja e peixe.) Ela ajuda a restaurar nossos níveis de energia e faz com que nos sintamos em unidade com a natureza, seja qual for o tempo ou a época do ano.

A *washoku* exerce um papel importante em muitos aspectos da cultura japonesa. Algumas refeições são servidas como parte de comemorações sazonais, como o macarrão *soba* consumido no dia 31 de dezembro. Esse tipo de macarrão é longo e fino: quando se rompe, pensamos no "romper do ano" e início de um novo. A proximidade da *washoku* com os ritmos do ano natural é exatamente um dos motivos de seu reconhecimento como um "patrimônio cultural intangível da humanidade" pela United Nations Educational, Scientific, and Cultural Organization (Unesco). O conjunto completo de atributos que levaram ao reconhecimento da *washoku* pela Unesco engloba:

- O respeito pelo sabor de cada ingrediente.
- A ênfase do equilíbrio nutricional em cada refeição.
- A utilização de produtos frescos da estação.
- O significado implícito de que os *chefs* preparam as refeições com excelência, prestando atenção aos mínimos detalhes.[44]

Como alguém que regularmente prepara tanto refeições japonesas como inglesas, posso afirmar com honestidade que as ideias por trás da *washoku* permeiam a minha culinária, esteja eu cozinhando ou não uma comida japonesa. O *chōwa* informa a todos sobre essas regras básicas de preparação da *washoku*. Por trás de cada um desses elementos de *washoku*, está uma busca por equilíbrio: o sabor certo, o balanço nutricional, a unicidade com os temperos ou a aparência perfeita de cada prato. Acredito que esses elementos sejam universais. Qualquer um pode usá-los para encontrar equilíbrio no modo como cozinha.

Respeitar o sabor de cada ingrediente • Embora os sabores sejam muito simples, as refeições japonesas respeitam o sabor de cada ingrediente. Os *chefs* japoneses tendem a acreditar que menos é mais. Nada é encharcado em molhos opressivamente apimentados, cheios de alho ou açucarados. A *washoku* ressalta o brilho dos sabores dos ingredientes frescos. Com o intuito de extrair o sabor sutil e levemente amanteigado de um pedaço de salmão cru, ou o sabor terroso de uma batata-doce japonesa, os *chefs* se esmeram em acompanhar e não contrapor os sabores naturais. Muitos pratos *washoku* se baseiam em verduras comuns: berinjela, *taro* (inhame), batata-doce ou nabo (*daikon*). Os temperos, coberturas e acompanhamentos servem para encontrar o equilíbrio inato de um prato – polvilhar flocos salgados de bonito desidratado para contrapor a doçura natural da abóbora japonesa, conserva azeda com o sabor salgado de um caldo de peixe, ou o amargo do chá verde com o sabor profundamente temperado da sopa de *miso* –, mas são apenas sabores que se complementam sem competir.

Cozinhar como uma busca por equilíbrio • Os *chefs* japoneses são treinados para tratar cada refeição como um ato de equilíbrio envolvendo cinco sabores:

1. Amargo – *shibumi* – chá verde em pó (*matchá*).
2. Azedo – *suppai* – vinagre, conserva.
3. Salgado – *shoppai* – sal e peixe desidratado em flocos.
4. Doce – *amai* – vinho de arroz doce.
5. Temperado – *umami* – molho de soja, cogumelos.

Nenhuma receita pode lhe dizer qual é o equilíbrio perfeito desses sabores. O sabor é subjetivo. Entretanto, da próxima vez que você for cozinhar, seja ou não comida japonesa, tente pensar de forma um pouco mais consciente sobre o equilíbrio desses sabores. Devemos pensar em cada refeição que preparamos como uma busca por equilibrar esses sabores naturalmente contraditórios; é possível acentuá-los por meio de uma harmonia delicada, mas não perfeita.[45]

Buscar equilíbrio nutricional a cada refeição • Uma refeição básica japonesa consiste em uma sopa, três acompanhamentos e uma tigela de arroz. Essa refeição é conhecida como *ichi-j-san-sai*, que significa "uma sopa, três pratos".

O prato principal tipicamente será uma proteína (em geral, peixe, em vez de carne). Os dois pratos de acompanhamento podem ser tofu, cenouras, rabanete, bardana ou qualquer outra verdura sazonal ou produto derivado de soja, normalmente acompanhados de conserva japonesa (*tsukemono*).

Você irá notar que há pouquíssimos carboidratos na comida japonesa. Em geral, eles são consumidos na forma de uma tigela de arroz branco que acompanha cada refeição. A *washoku* evita amplamente os ingredientes processados – como carnes e queijos processados – e inclui pouquíssimo açúcar. Segundo alguns especialistas, a *washoku* parece estar associada às expectativas de vida mais longas no Japão. Os adeptos de dietas amplamente inspiradas no modelo japonês, rica em grãos e verduras e com quantidades moderadas de carne ou peixe, apresentam taxas menores de obesidade e maior probabilidade de viverem por mais tempo e de forma mais saudável.

A refeição *kaiseki*: uma *masterclass* de equilíbrio

Há alguns anos, organizei uma turnê por restaurantes indicados pelo guia Michelin no Japão para um grupo de *chefs* do Reino Unido. Fiz as reservas nos restaurantes e atuei como intérprete durante as refeições. Não era meramente uma questão de traduzir o cardápio. Para apreciar realmente uma refeição japonesa, em particular quando se prova a alta culinária japonesa – *kaiseki* –, você definitivamente precisa de alguém que fale o idioma japonês. As lições por trás da refeição, as origens dos ingredientes que compõem cada prato e as escolhas estéticas, assim como ler um poema *haiku* ou assistir a uma peça *kabuki*, exigem um tradutor.

A *kaiseki* foi desenvolvida por praticantes da cerimônia do chá no século XVI. Significa, literalmente, "pedra de busto" – e tem origem no fato de os monges budistas colocarem pedras quentes na parte da frente de suas túnicas, para assim se livrarem da fome. A refeição *kaiseki* é de uma simplicidade modesta, talvez inesperadamente simples para a culinária gourmet japonesa. No entanto, para uma refeição inventada por monges, é inesperadamente luxuosa. Assim como os cinco sabores, a culinária *kaiseki* busca equilibrar as cinco cores da culinária tradicional (vermelho, verde, amarelo, branco e preto) e os cinco sentidos (olfato, paladar, tato, audição e visão). Quando se trata de apreciar o sentido da visão, em particular, a *kaiseki* é igualmente uma questão de comer com os olhos e de saborear com os botões gustativos.

Chegamos ao restaurante Kikunoi, em Kyoto, em uma noite de abril, caminhando da estação de Sanjo pela margem do rio Kamo. Passamos por baixo de uma *shimenawa* – uma corda sagrada feita com palha de trigo – através de um portão de madeira. Depois de deixarmos os sapatos no *hall* de entrada, pisamos no piso de madeira do saguão principal do restaurante. Passamos pela equipe da cozinha, cujos membros se curvaram profundamente para nós, todos usando uniformes brancos imaculados e toucas, e seguimos para um amplo salão com piso de tatame. Esse salão tinha uma bela vista para um jardim de bambus. A única decoração no recinto consistia da imagem impressa de uma exuberante cachoeira e um ramo de flor de cerejeira em um vaso colocado junto à porta. Nossa anfitriã, vestida com um quimono, calmamente abriu e fechou a porta de painéis deslizantes *shōji*. Ela se curvou diante do nosso grupo e, então, introduziu o primeiro prato, explicando por que cada elemento que o compunha tinha sido escolhido: o brema-do-mar sazonal, o arroz, a conserva *nanjo* e o peixe *shinko* frito (uma iguaria do fim da primavera). Ela explicou a história por trás das flores que decoravam a travessa comprida, ou *hassun*, na qual nossos aperitivos foram servidos. Junto da comida, ela nos entregou um provérbio Zen escrito em uma bela caligrafia com tinta preta em uma folha de papel japonês tradicional.

Fiz o melhor que pude para explicar tudo que a anfitriã disse. Era muita informação. Um dos *chefs* deu um tapinha no meu ombro e admitiu: "Não conheceríamos essa comida se não fosse a sua interpretação".

Penso que você deve experimentar esse banquete *washoku* tradicional, sozinho, para ver que a *kaiseki* é também uma lição, uma *masterclass* em equilíbrio, além de uma refeição.[46]

Cozinhar com produtos sazonais • Pensar no que comemos através das lentes do *chōwa* e tratar cada refeição como uma busca por equilíbrio também nos ajuda a estarmos mais sintonizados com os ciclos do mundo natural. Assim como admiramos as flores que mudam constantemente no campo à medida que o ano avança e modificamos o que vestimos dependendo se o tempo for o de um dia de outono ou o de uma noite de verão, cozinhar com produtos da estação nos permite refletir mais sobre as necessidades de nosso corpo a cada estação e a cada dia.

Na culinária *washoku*, a comida é preparada de modo a corresponder à mudança das estações da maneira mais estreita possível. Até mesmo a forma como o alimento é cortado e apresentado pode ter uma conexão harmoniosa com a época do ano (verduras cortadas de modo a lembrar uma flor de cerejeira caída na primavera, ou a forma das folhas de bordo no outono, ou ainda as flores de ameixeira no inverno). Os supermercados também serão decorados para a estação. Embora essas coisas sejam apenas pequenas reverências à natureza, lembretes gentis de nosso relacionamento com o mundo natural, são sintomas de um respeito muito mais profundo pela mudança das estações na *washoku*.

A seguir, apresento algumas inspirações da *washoku* para ajudar você a encontrar seu equilíbrio cozinhando com produtos sazonais:

- **Vegetais sazonais.** Seguindo o espírito do *chōwa*, faça sua investigação. Qual é a fruta da estação no seu país, nesta época do ano? Se você comer as frutas e verduras da estação, isso ajudará você a se sentir mais sintonizada com o mundo natural. Por exemplo, é tão prazeroso consumir alho quando tudo o que tenho a fazer é dar uma volta a pé para encontrar vários à beira da estrada. Assim como os benefícios psicológicos da sintonia com a natureza, também é muito mais ecologicamente correto se alimentar dessa maneira. No Japão, comer morangos importados em pleno inverno é considerado o cúmulo do desperdício e do excesso.
- **Comida para refrescar.** Ao seguirmos o ritmo das estações, podemos dar ao nosso corpo exatamente o que ele precisa ao longo do ano inteiro. No Japão, consumimos enguia rica em proteína e salgada pouco antes do calor do verão. Lá, o verão também é a época em que se come macarrão *soumen* com gelo e um pouco de molho de soja. Em vez de ir até um carrinho de sorvete, vamos à mercearia da rua onde se vende melancia em fatias.

- **Comida para aquecer.** Durante o inverno, consumimos sopa de abóbora japonesa – o costume é comprar uma abóbora bem grande, que geralmente rende sopa suficiente para alguns dias, e consumir na refeição da noite. No solstício de inverno, tipicamente comemos a fruta *yuzu* com a comida. Inclusive, preparamos um banho com *yuzu* como uma maneira de tratamento especial, por ser tanto uma bela decoração sazonal como uma forma de aromaterapia – o aroma do *yuzu* tem algo de deliciosamente reconfortante, além de ser benéfico para a pele.

Cuidar da apresentação de cada refeição • No momento em que aterrissei no aeroporto de Narita com o grupo de *chefs* que eu estava acompanhando ao Japão, teve início a instrução deles sobre estética da culinária japonesa. Alguns membros famintos do grupo compraram um lanche em uma loja de conveniência, porque estavam com fome. E eles ficaram muito impressionados. A caixa de *bento* das lojas de conveniência japonesas tem uma bela apresentação, com cada item da refeição balanceada separado em compartimentos distintos. A comida é brilhante e colorida – o amarelo do *tempura* de camarão (perfeitamente crocante e ainda quente), o marrom dos cogumelos rechonchudos vidrados com molho de soja e gergelim agridoce, o branco do sushi contrastando com o pink do gengibre em conserva e o verde vivo do *wasabi*, além de uma pequena salada ao estilo ocidental de cenoura ralada, alface e tomate fresco.

Essa pequena obra de arte custa cerca de 350 ienes (cerca de 3,20 dólares).

- *Equilibrar as cinco cores.* Branco, preto, vermelho, verde e amarelo – essas cinco cores estão presentes em quase toda refeição japonesa. Contudo, não é apenas uma questão de aparência da refeição. Pensar nas cinco cores ajuda a melhorar o componente nutricional da refeição. Imagine uma caixa de *bento*: arroz branco salpicado com sementes de gergelim pretas, um pedaço de *tamagoyaki* (omelete) amarelo, feijões edamame verdes e uma conserva de ameixa vermelha para finalizar. Meu companheiro às vezes faz brincadeiras sobre a minha afeição por comidas inglesas da cor "bege", como peixe e batatas fritas ou ovos mexidos com torrada, mas até que ponto o peixe com batata frita pode ficar melhor com purê de ervilhas? Pense em como o café da manhã se transforma em uma refeição saudável com a adição de uma fatia de salmão defumado e um punhado de espinafre. O mesmo se aplica à *washoku*. A adição de *nori* (alga marinha) levemente desidratado ao arroz, ou uma conserva amarela e tomates-cereja no acompanhamento de uma sopa de *misso* simples, aprimora a aparência e o balanço nutricional de uma refeição *washoku*.[47]

Chōwa e alimentação sustentável

A *washoku* me faz pensar em continuidade e mudança: as coisas que permaneceram inalteradas, como a tradição culinária japonesa, e as coisas que mudaram, como o aumento do consumo de carne durante o período Meiji (1868-1912) e a proliferação das lanchonetes de *fast-food* ao estilo ocidental no Japão depois da Segunda Guerra Mundial. Mais do que nunca, todos nós devemos refletir com cuidado sobre formas de alimentação que sejam sustentáveis, ecológicas e mais gentis tanto conosco como com o planeta. A história da comida no Japão oferece várias lições de *chōwa*. É uma história de um país e seu povo em busca de equilíbrio com o meio ambiente. Mas é também uma lição de vida sobre como o equilíbrio, depois de alcançado, pode ser perdido.

Shōjin ryōri – devotar-se ao equilíbrio pessoal e natural • *Shōjin ryōri* significa "culinária devocional". Esse nome foi dado por seu inventor, Dōgen, também fundador do Zen Budismo, que no século XIII foi inspirado pela culinária vegana chinesa e introduziu esse estilo de culinária no Japão. Ele a chamou "culinária devocional", porque a via como o melhor alimento para preparar a mente de uma pessoa para absorver os ensinamentos de Buda. Se temos interesse em minimizar nosso impacto sobre o meio ambiente, na não violência para com as criaturas vivas, ou apenas em ter uma alimentação saudável e refeições balanceadas, então a *Shōjin ryōri* tem muito a nos ensinar.

Não desperdício. Um princípio integral da *Shōjin ryōri*. Dentro do possível, a culinária "devocional" budista usará a parte comestível do ingrediente, incluindo, por exemplo, a parte de cima da cenoura e a casca do rabanete, que costumam ser usadas no preparo da sopa que acompanha a refeição. Por que você não tenta fazer isso na próxima vez que preparar uma refeição? Em vez de jogar fora as pontas verdes da cebolinha, corte-as e use-as no preparo da sopa de *misso*. Caso compre *daikon* (nabo) para preparar uma refeição japonesa, não descarte as folhas. Você pode cortá-las para fazer o tempero de arroz japonês chamado *furikake*. Apenas lave, pique grosseiramente e salteie as folhas em óleo de gergelim quente e *mirin* (vinho de arroz japonês). Adicione um pouco de açúcar e sal a gosto. Deixe cozinhar em fogo brando até que quase todo o molho tenha evaporado e restem apenas as folhas, concentradas com o aroma delicioso.

Não violência. A *Shōjin ryōri* é totalmente vegana, com a proteína sendo fornecida pelos alimentos à base de soja como o tofu, servidos com vegetais sazonais e aromatizados com ervas silvestres das montanhas. Uma refeição típica pode incluir *abura-age* (coalho de soja frito) ou, um dos meus favoritos, *natto* (soja fermentada). Para a maioria dos japoneses, é muito divertido observar os turistas comerem *natto* pela primeira vez. É um pouco uma questão de adquirir o paladar, mas é preciso que você encontre esse item em algum mercado asiático local no seu país. Um superalimento japonês, o *natto* tem um sabor temperado forte de estalar os lábios. Cada grão de soja que você põe na boca deixa um traço levemente pegajoso. Para evitar fazer sujeira, é melhor misturar o *natto* a uma tigela de arroz branco grudento.[48]

Comer animais • A relação histórica do Japão com a carne mostra o *chōwa* em ação: uma luta para equilibrar o que os governantes do Japão queriam, os recursos finitos à disposição deles e as preferências dos cidadãos comuns. No século V, as pessoas subsistiam amplamente com uma dieta à base de arroz, verduras e peixe. No Japão montanhoso, havia muito pouca terra para criar gado. A chegada do Budismo e seus princípios de não violência para com as criaturas vivas assistiu à primeira proibição nacional do consumo de carnes. Entretanto, os *Shōguns* e lordes locais aparentemente trocavam carne como forma de presente ao menos em ocasiões especiais. Nessas ocasiões, a ação de matar e comer os animais era feita em um cerimonial, como nas artes marciais.[49]

No século XIX, paralelamente à adoção das roupas e da educação ocidental, os governantes do Japão avançaram rumo ao estilo de alimentação do ocidente como parte de seu impulso à modernização. Demorou muito para o povo japonês desprezar as crenças sustentadas por tantos anos acerca da não violência para com os seres vivos e passar a matar seus bois – que realizavam um trabalho esplêndido arando os campos ou carregando cargas pesadas – e começar a criar gado em maior número. Quando a proibição do consumo de carne foi suspensa, houve um protesto de monges budistas em Tóquio. Eles acreditavam que a alma do Japão estava em perigo.

Hoje, a percepção é a de que as suspeitas dos monges acerca da adoção dos hábitos alimentares de estilo ocidental estavam bem fundamentadas. O Japão, atualmente, é um dos maiores importadores de carne do mundo. Diferente da situação na era Edo, ou mesmo na década de 1960, quando o Japão era mais ou menos autossuficiente, o Japão de hoje é um dos países desenvolvidos menos autossuficientes no quesito alimentos. Não posso deixar de sentir que, ao menos no que se refere ao consumo sustentável de alimentos, o Japão perdeu seu equilíbrio.[50]

Em um tempo em que todos nós, não importa em que parte do mundo vivamos, precisamos pensar de maneira mais cuidadosa sobre nosso equilíbrio como espécie e como indivíduos em relação ao mundo natural, talvez devêssemos aproveitar o poder do *chōwa* para nos alimentarmos de forma mais ética.

Menos carne, menos impacto no meio ambiente. Quanto mais carne demandamos, menos terras usamos para o cultivo sustentável. Quando se trata de viver em harmonia com a natureza, reduzir nosso consumo de carne é quase tão importante quanto economizar energia e reciclar.

Consumir peixe de maneira mais responsável. A *washoku* favorece alguns peixes em determinadas épocas do ano. Assim como estar sintonizado com a tradição, isso é importante para minimizar nosso impacto sobre os oceanos do mundo. Dê uma olhada no *The good fish guide* (*O guia definitivo do peixe*), da Marine Conservation Society (*https://www.mcsuk.org/goodfishguide/search*), para encontrar mais informações sobre abordagens responsáveis para o consumo de peixes.

Lições do *chōwa*:
A harmonia alimentar

Encontrar seu equilíbrio com o poder da *washoku*
- Para ajudar você em sua jornada rumo ao equilíbrio dos cinco sabores, cinco cores e cinco estilos de culinária, tente obter inspiração das seguintes combinações da *washoku*:
  - Pense no quanto o sabor doce e levemente amargo do brócolis é melhorado ao ser mergulhado em um prato de molho de soja salgado.
  - Ou pense em um robalo assado na brasa servido com ervilhas adocicadas e o sabor levemente amargo de uma raiz de lótus fresca e levemente fervida.
  - Ou, ainda, pense em uma tigela de arroz branco servido com sopa de *misso* com mariscos japoneses, e a acidez estalante de um pequeno *umeboshi* (ameixa em conserva) para finalizar.

Os cinco sabores da *washoku*
- Amargo
- Azedo
- Salgado
- Doce
- Temperado

As cinco cores da *washoku*
- Branco

- Preto
- Vermelho
- Verde
- Amarelo

Os cinco estilos de culinária na *washoku*
- Cozido (como uma sopa ou ensopado)
- Frito
- Cozido no vapor
- Assado
- Grelhado

A *washoku* também inclui muitos alimentos crus. Embora "cru" não seja considerado um "estilo culinário" em si, é provável que você esteja familiarizada com a paixão dos japoneses por fatias de peixe cru (*sashimi*), peixe cru servido por cima do arroz branco ou de um rolo de arroz e alga marinha (*sushi*). O peixe cru proporciona numerosos benefícios à saúde: é rico em ácidos graxos ômega-3 e contém altos níveis de proteína.

10

ENCONTRAR O EQUILÍBRIO NA NATUREZA

"O mal trabalha na terra a Oeste, Príncipe Ashitaka. É seu destino ir até lá e ver o que puder com olhos livres de ódio. Você pode encontrar um modo de acabar com a maldição."
— Príncipe Mononoke (1997)[51]

Um número cada vez maior de líderes tem chegado à conclusão de que, como espécie, encontrar equilíbrio com o mundo natural exige ação. Como indivíduos, estamos percebendo que a ação, em um nível pessoal, pode exigir mais de nós do que jamais soubemos. Embora muitos de nós já tenham aderido ao hábito de minimizar o impacto sobre o planeta fazendo o melhor possível para reutilizar sacolas plásticas, reciclar o lixo e reduzir a emissão de carbono, nos foi informado que nossos esforços não bastam para reverter o dano que causamos ao planeta. Refletir sobre a quantidade de dano já causado faz com que nos sintamos impotentes.

Pensar na escala do desafio que temos pela frente faz com que nos sintamos exaustos.

O poder do *chōwa*, isoladamente, é insuficiente para salvar o mundo. Entretanto, isso pode nos ajudar a desenvolver o *mindset* correto para nos reconectarmos com a natureza. O primeiro passo para trazer equilíbrio ao mundo natural é garantir que tenhamos tempo para refletir sobre a nossa conexão com a natureza e perceber o quanto sua beleza realmente é frágil. Como mostrará este capítulo, pensar em nossa conexão com a natureza pode ajudar a mudar a forma como respondemos a ela, seja essa uma resposta à beleza efêmera da natureza ou uma apreciação ao seu imenso poder e capacidade de desencadear a destruição. O *chōwa* também pode nos ajudar a responder a uma crise com o devido nível de urgência, sem perder de vista a nossa compaixão. As lições-chave neste capítulo são:

- **Lembre-se de que você é natureza.** Por milhares de anos, a cultura tradicional japonesa se baseou no conhecimento de que nós somos parte da natureza tanto quanto qualquer outro animal. Quero usar alguns exemplos do Japão da era Edo para mostrar como, até mesmo em meio ao nosso dia a dia agitado, quer vivamos em uma vila ou em uma cidade grande, podemos ser mais ativos em cuidar do planeta.
- **Comprometa-se a trazer *wa* para o mundo natural.** O *chōwa* nos permite apreciar a natureza pelo que ela é: bela e poderosa, nossa salvadora e nossa destruidora. Para melhor ou pior, somos parte de seus ciclos de criação e destruição, sua precária harmonia.

Somos natureza: lições no *chōwa* do antigo Edo

O período Edo (1603-1868) viu a cidade de Tóquio, então chamada Edo, crescer a partir de um castelo e se transformar na maior metrópole do mundo.

A família Tanaka vive na mesma área, nos arredores de Tóquio, há centenas de anos. Os ancestrais samurais de meu pai serviram ao homem que construiu o antigo castelo Edo. A família de minha mãe fabricava e restaurava móveis de madeira paulownia, uma tradição da era Edo. Há muito sou fascinada pela cultura Edo, mas, quanto mais ouço sobre nossa atual emergência climática, mais vejo em Edo e nas atitudes de meus ancestrais condutas que penso valer a pena compartilhar. A mentalidade Edo pode nos ensinar sobre encontrar nosso equilíbrio com a natureza, algo com que todos nós estamos começando a nos preocupar mais.

Mono no aware: a fragilidade do mundo natural • O canto dos pássaros no início da manhã, as folhas de uma árvore se agitando do lado de fora de uma janela de escritório e a sombra esverdeada dessas folhas ao longo de uma mesa, os insetos que nossos filhos catam no jardim e vêm orgulhosamente nos mostrar. Nos maravilhamos com nosso lugar no mundo natural, mas também sabemos que nenhum desses momentos únicos se repetirá. Na era Edo, as pessoas comuns descreviam esse sentimento como *mono no aware*.

Mono no aware pode ser traduzido como "uma empatia sobre todas as coisas". *Mono* significa "coisa". *Awa-re* é uma expressão muito antiga de surpresa, melancolia e, talvez, admiração. Os cidadãos comuns, na era Edo, eram educados em *mono no aware* por artistas como Hokusai. As paisagens de Hokusai do monte Fuji capturavam a beleza e a tristeza do mundo natural, bem como nosso lugar nesse ambiente. Ao fundo, podemos ver a grande montanha. Em primeiro plano, vemos pessoas embaixo da beleza evanescente das cerejeiras em flor se divertindo, conversando, fazendo piquenique e tocando música, inconscientes de que o tempo é precioso. *Mono no aware* é uma visão profunda, imbuída da tristeza de saber que tudo passa. É um típico equilíbrio de *chōwa* entre o elevado e o triste, o esperançoso e o resignado: a natureza é bela. Mas tudo que é belo logo vai embora.

- **Ser mais do que consciente dos problemas.** Dizem-nos que devemos ter consciência do que está acontecendo quando se trata de alterações climáticas e ameaças à biodiversidade. Mas consciência apenas não basta. Acredito que precisamos conhecer os fatos. Também acredito que, na linguagem do *chōwa*, nossa "pesquisa" deveria ser equilibrada com um tipo mais emocional de sentimento: um senso de *mono no aware*. O quanto antes começarmos a ter empatia pelo mundo natural, mais rápido compreenderemos exatamente o que temos a perder.

Mottainai: não desperdiçar, não querer • *Mottainai* pode ser traduzido literalmente como "não desperdiçar". Em geral, expressa espanto e significa "Que desperdício!" – ou como se você contasse para o seu companheiro que alguém jogou fora um par de sapatos ainda em perfeito estado, que necessitava apenas de algum reparo e limpeza.

Mottainai nos encoraja a usar completamente os objetos que adquirimos. Isso inclui garantir que durem muito tempo. Envolve ainda o compromisso de, sempre que possível, fazer reparos em vez de substituições. É o conhecimento de que, assim como com nossos pertences, quanto melhor os servimos, melhor eles nos servirão.

Na prática, como funcionaria uma sociedade em que nós sempre reparássemos ou repuséssemos as coisas, em vez de comprar outras novas? Muitos de nós vivemos em uma sociedade consumista. Tendemos a comprar coisas novas. Muitos de nossos empregos dependem da venda dessas coisas. No entanto, o Japão da era Edo nos mostra que a vida urbana moderna pode ser enriquecida, em vez de empobrecida, com e a reutilização e reciclagem.

Mottainai – lições em uma sociedade zero desperdício do antigo Edo

Na cidade de Edo, havia incontáveis mascates, brechós e pequenos comércios que ofereciam serviços de reparo de sapatos, leques de papel, quimonos antigos e até tigelas e copos quebrados. Havia bibliotecas móveis abarrotadas de livros para emprestar ou trocar com assinantes. Um homem que consertava guarda-chuva carregava uma caixa cheia de guarda-chuvas quebrados, feitos de papel oleado e bambu, os quais ele tanto consertava e devolvia ao dono como também consertava e revendia pela metade do preço. Essas pessoas eram o óleo que fazia as engrenagens da economia Edo funcionarem. O resultado foi uma sociedade urbana moderna, que permaneceu fechada para o resto do mundo por mais de

250 anos. Uma sociedade urbana que era o mais próximo que se poderia chegar do desperdício zero.⁵²

Itadakimasu – expressar gratidão a todas as pessoas que colocam a comida na mesa • Na era Edo, os agricultores eram considerados a segunda classe mais importante, em seguida à dos samurais. Eles produziam a comodidade mais importante de todas: o alimento. Estreitamente relacionado ao princípio de *mottainai* era o desejo, em vigor tanto no Japão da era Edo como no Japão de hoje, de desperdiçar o mínimo possível de alimento. Deixar um único grão de arroz na tigela é considerado rude, até mesmo no Japão de agora. O *chōwa* nos ensina que encontrar o equilíbrio está em grande parte em aprender a responder adequadamente ao mundo ao nosso redor. Quando se trata do que comemos, isso significa demonstrar o quanto somos gratos a todos que contribuíram para colocar o alimento na nossa mesa. Hoje, no Japão, quando nos sentamos para comer, unimos nossas mãos e dizemos:

いただきます

i-ta-da-ki-ma-su

Recebo humildemente este alimento, com respeito.

Um pouco menos formal que uma prece, um pouco mais sério do que apenas desejar "bon appétit", dizer essas palavras é uma forma de expressar nossa gratidão ao agricultor que cultivou os vegetais, ao supermercado onde compramos os ingredientes e à pessoa que preparou nossa refeição, bem como ao mundo natural: ao sol, à chuva, aos nutrientes contidos no solo. Desperdiçar alimento seria desperdiçar todo o esforço e recursos envolvidos no preparo da nossa refeição. Agradecer é um modo de reconhecer a nossa posição neste cenário.

- No espírito de *mottainai*, na próxima vez que estiver em um restaurante ou em um jantar comemorativo, pratique pedir menos e não mais, caso sinta que não conseguirá comer tudo. No Japão, se você pensar que não irá conseguir lidar com um prato inteiro de comida, ou com uma porção integral em um restaurante, na escola ou na cantina da universidade, é comum pedir porções menores. Em casa, se não der conta de comer tudo que estiver em seu prato, em vez de simplesmente jogar fora, você pode guardar o que não conseguir comer para o dia seguinte. Além do devido respeito ao agricultor, à pessoa que preparou a refeição e aos recursos em si, é importante desperdiçar o mínimo possível.
- Tente pensar de forma mais ativa no *mottainai*, em sua própria casa. Tente fazer refeições com as sobras que ficam na panela e comprar itens que você irá usar logo, em vez de estocá-los para acabar vencendo antes que você possa usá-los.

Sho-yoku, chi-soku: desejo pequeno, sábia suficiência ● Quando se trata de encontrar seu equilíbrio com a natureza, precisamos ser filosóficos para atingir o âmago da questão: "não combata as coisas em si, combata o desejo de comprar mais coisas".

小欲知足
sho-yoku, chi-soku

Os caracteres desse provérbio significam, literalmente, "desejo pequeno, sábia suficiência". Poderíamos traduzi-lo como "desejar menos leva à satisfação", mas seu significado, na verdade, tem esses dois sentidos: saber o que significa ter o suficiente pode nos ajudar a enfrentar a poderosa força do desejo – o qual, em um dia ruim, pode ser traduzido como "ganância".

A metáfora de um copo de vidro que pode ser visto como meio vazio ou meio cheio costuma ser usada para ilustrar a diferença entre pessimistas e otimistas. Mas também serve para nos mostrar a diferença entre satisfação e ganância. Imagine um copo de vidro meio vazio. Se ansiarmos por um copo totalmente cheio, desejaremos o dobro do que já temos. Agora, imagine um copo meio cheio. Se estivermos felizes com o que já temos, não ansiaremos por mais nada.

Quanto mais queremos, mais insatisfeitos nos sentimos. Se desejar uma coisa leva à insatisfação, não é difícil sugerir que, para nos sentirmos mais satisfeitos com a vida, deveríamos trabalhar em *minimizar as coisas que desejamos comprar*. Isso é diferente da ideia de minimalismo. Colocar a vida em ordem e desentulhar pode ajudar, mas isso não necessariamente leva a um sentimento de equilíbrio verdadeiro. Para isso, precisamos pensar mais profundamente sobre o que nos motiva a consumir.

- *Combater o desejo*. Tente pensar: "Tenho exatamente tudo que preciso". Para encontrar o equilíbrio de uma forma duradoura, precisamos ir à raiz do nosso consumo excessivo, do desejo de comprar o tempo todo, de fazer mais e mais dinheiro. Em geral, isso significa mais e mais tensão sobre o meio ambiente e um mundo cada vez mais desequilibrado.

Sampō-yoshi: manter o negócio, o consumidor e o ambiente satisfeitos • Como o samurai, que vivia segundo o código *bushidō* ou a ética do guerreiro, a classe mercante Edo também era motivada por um código de ética. Embora os comerciantes ocupassem um nível inferior da hierarquia social, eles levavam muito a sério suas responsabilidades para com seus clientes, seus negócios e os ambientes urbano e natural. Essa atitude em relação ao modo como eles conduziam os negócios pode ser resumida pela frase *sampō-yoshi*, que significa "bom de três modos":

- A felicidade dos negócios.
- A felicidade de seus clientes.
- A felicidade da sociedade.

Basta-me pensar no tipo de trabalho tradicional que a empresa da família da minha mãe fazia para constatar a verdade disso e ver essa abordagem equilibrada dos negócios em ação. Eles tinham, em relação ao trabalho deles, as mesmas atitudes que os antepassados adotavam na antiga Edo. Os baús de madeira fabricados pela empresa da família da minha mãe eram feitos com madeira paulownia. A madeira escurecia com o passar do tempo, porém a cor podia ser recuperada com a repintura da madeira. Como não se usavam pregos metálicos para fazer o baú, mas pinos de madeira, era possível raspar a madeira várias vezes, caso ela fosse danificada ou descolorida. A madeira paulownia se expande quando está úmida, por isso não entrava umidade nos baús, de modo que as roupas e os documentos neles guardados ficavam protegidos contra danos. Mesmo que um baú pegasse fogo – incêndios eram muito frequentes no Japão da era Edo, dadas as densas populações que viviam em estruturas de madeira e papel –, embora tudo que estivesse na casa possivelmente fosse perdido, o baú de paulownia seria preservado, um pouco escurecido, porém intacto, com todos os seus conteúdos em segurança. Seria o primeiro e o último baú desse tipo que você precisaria comprar.

Hoje, as empresas fazem promessas semelhantes: por exemplo, que o novo modelo de celular, tablet ou laptop é tudo que você precisará. Entretanto, as empresas param de dar suporte para um modelo ou a indisponibilidade de componentes de reserva para modelos mais antigos implica que sejamos encorajados, ou até forçados, a substituir nossos aparelhos. Despejar modelos novos, um após o outro, no mercado produz um impacto devastador sobre o ambiente, em termos de desperdício e emissões de carbono.[53] Mas quem se beneficia com tudo isso? O consumidor? A sociedade? Ou apenas a empresa que vende as mercadorias?

O *sampō-yoshi* pode parecer idealista. Entretanto, muitas empresas fundadas durante a era Edo continuam prosperando até hoje – de fato, mais de 50 mil empresas no Japão têm mais de 150 anos de idade. A compaixão pelo mundo natural – e pelos consumidores – parece ser genuinamente boa para os negócios.

Começar a pensar a longo prazo ● Quando o terremoto de Tōhoku aconteceu, em 2011, poucas pessoas esperavam que o dano fosse ser tão ruim, ou que a onda fosse ser tão poderosa quanto foi. No entanto, registros armazenados em Taga Castle indicaram que houve um terremoto e um tsunami igualmente poderosos em 869. Os sedimentos depositados a uma grande distância na área continental sugeriram que os registros eram verdadeiros. Isso não significa que o poder do terremoto de Tōhoku poderia ter sido previsto, mas mostra que não podemos confiar apenas em nossos olhos e ouvidos, nem mesmo em dados obtidos ao longo dos últimos 100 a 150 anos; temos que pensar em nosso lugar no mundo natural no contexto da história do nosso planeta. Quando contamos demais com o que aconteceu em nossa vida, esquecemos o quanto a natureza pode ser poderosa.

Os governos podem ser tentados a adotar soluções a curto prazo para os problemas ambientais. Infelizmente, depois do evento do tsunami, isso tem acontecido no Japão. Em Tōhoku, os residentes protestaram contra a construção de paredes de concreto no mar. É possível que essas paredes pareçam uma boa ideia para proteger as vilas costeiras. Mas as pessoas têm pedido ao governo para considerar o pior cenário – um terremoto ainda mais forte ou uma onda um pouco mais alta tornariam os muros inúteis. Soluções mais radicais, como a mudança de grandes partes de cidades e vilas para longe da costa, poderão custar mais dinheiro e requerer alterações maiores, mas talvez seja a melhor forma de salvar as comunidades no futuro. Ironicamente, um muro no mar pode, como argumentaram muitas comunidades, impedir os residentes de ver uma onda se aproximando, de modo que algo construído para protegê-los pode acabar causando a morte de seus filhos, ou dos filhos de seus filhos, que não imaginam como é terrível para toda uma comunidade ser varrida e que ainda não viram o quanto a natureza pode ser devastadora.[54]

As soluções de curto prazo podem acabar nos cegando para suas consequências de longo prazo. Não temos escolha, a não ser começar a pensar a longo prazo.

De fato, o longo prazo pode não ser tão distante quanto pensamos, uma vez que os cientistas nos falam sobre como é pouco o tempo que ainda temos para reverter os efeitos da atual crise climática. Quando pensamos em alteração climática, ainda que tenha sido causada pela ação humana em um passado relativamente recente, pensamos com muita frequência em algo lento, glacial. Entretanto, os japoneses são os únicos que estão conscientes demais de que o planeta pode nos dar lembretes súbitos e severos de seu poder. Com o aumento dos eventos climáticos extremos ao redor do mundo, bem podemos ver os seres humanos tendo que enfrentar forças da natureza tão poderosas e potencialmente mortais quanto um terremoto ou um tsunami – enchentes em cidades e no litoral, secas repentinas e ondas de calor, furacões violentos. No Japão, sabemos como a natureza pode ser poderosa. Precisamos garantir que tenhamos condições de responder com o nível de urgência apropriado.

Lembrar o que temos a perder • Quando eu era mais jovem, era como se todos os dias fossem dedicados para encontrar meu equilíbrio com a natureza. Estar sintonizada com a natureza era simplesmente estar viva.

É difícil transmitir o quão estreitamente os ritmos do mundo natural acompanham os ritmos do dia a dia no Japão e como é viver assim.

No dia 3 de março, celebramos o dia das meninas – tradicionalmente, os japoneses não celebravam aniversários individuais, mas todos celebravam juntos nesse dia especial. Nós arrumávamos nossas bonecas de cerimonial "Hina" – intrigantes bonecas do imperador e da imperatriz e sua comitiva – e comíamos *sakura mochi* (doces de flor de cerejeira), usando belos quimonos. Também confeccionávamos bonecas com papel e palha, acreditando que a nossa má sorte era transferida para as bonecas. Elas pareciam tão frágeis em nossas mãos, mesmo assim nós as colocávamos em pequenos barcos e os soltávamos rio abaixo, dando adeus a nossa má sorte.

Em abril, caminhávamos com meu pai para a cidade, depois de ele ter checado no rádio a previsão para a florada das cerejeiras e saber o melhor momento para vê-las totalmente floridas.

Em maio, comíamos *kashiwa mochi*, bolinhos de arroz recheados com pasta de soja e embrulhados em uma folha de carvalho (e aprendemos que os carvalhos só perdem as folhas quando as novas já estão prontas para crescer). Essa era a ocasião de celebrar o dia dos meninos. As famílias que tinham meninos exibiriam o *koi-nobori* – pipas em forma de carpa *koi* – em seus jardins. Elas esperavam que seus filhos crescessem corajosos e fortes como a carpa *koi*, para nadarem contra a correnteza.

Em junho, nós mudávamos as roupas em função do tempo mais quente, e ajudávamos a minha mãe a arejar o quimono dela.

No dia 7 de julho, todos nós participávamos do *Tanabata*, o festival da estrela. Nós aguardávamos ansiosamente, olhando para o céu, esperando que não chovesse para que os amantes desafortunados Orihime e Hikoboshi pudessem se unir na via Láctea, nesse dia do ano. Nós decorávamos hastes de bambu com nossos desejos ou com poesia escrita em tiras de papel de cinco cores diferentes.

Lembro-me do solstício de inverno, quando o amarelo estava em toda parte: as últimas folhas penduradas nas árvores, decorações nos supermercados, a abóbora amarela que comíamos, banheiras cheias de *yuzu*.

E lembro-me do fim de ano, quando comíamos macarrão *soba*, longo e fino, porque queríamos ter uma vida longa como o *soba*. Conforme o macarrão ia se quebrando, nós pensávamos no romper do ano e no começo do ano seguinte.

Para descrever como era estar em harmonia com a natureza, eu poderia apontar o significado mais musical por trás do caractere *chō* do *chōwa*. Penso que fazer o melhor que pudermos para viver em harmonia com a natureza é um pouco como ser músico e afinar nosso instrumento até, mais uma vez, encontrarmos o ponto ideal e estarmos sintonizados com o mundo natural.

Peço aos leitores que levem muito a sério essas lições extraídas da história do Japão. O Japão passou mais de um século aprendendo com o ocidente: como industrializar, como modernizar, como participar de forma pacífica na comunidade global. Hoje, porém, olhando para frente, também seria bom se olhássemos para trás: para lembrar que as cidades verdes não são apenas um sonho, mas que, há 400 anos, a cidade sustentável de Edo era a maior cidade do mundo. Para lembrar que uma civilização inteira era capaz de se autossustentar sem praticamente comer carne. Para lembrar que é possível viver uma vida rica, culta e sofisticada, que só pode ser enriquecida se nos lembrarmos, a cada instante em que vivemos na Terra, que somos natureza e que a natureza somos nós.

Lições do *chōwa*:
Encontrar nosso equilíbrio com a natureza

Estar mais do que consciente dos problemas: pensar *mono no aware*

- Não temos que ser poetas de *haiku* para apreciar a beleza natural e experimentar o *mono no a-ware* (simpatia com a natureza). Compor uma lista simples é um antigo dispositivo literário no Japão. Experimente-o. Tente listar coisas da natureza que o preenchem de alegria. Depois, tente listar as coisas que o entristecem. E quanto às coisas que aborrecem? Vespas? A irritação causada pelo pólen na primavera? A sensação ardente na primeira vez que você sai em uma noite de inverno? Fazer listas e observações é uma forma vívida e maravilhosa de encontrar equilíbrio com o mundo natural – o bom e o mau.[55]

Fazer negócios em harmonia com a natureza

- Como seu trabalho poderia ser mais *sampō-yoshi*? Quais alterações pequenas você poderia fazer em seu local de trabalho para garantir um produto melhor para o consumidor, a sociedade e seu negócio?
- Como consumidor, você pode ter um papel no *sampō-yoshi*. Se alguns de nós abrirmos mão de comprar o próximo grande lançamento das maiores empresas do mundo – seja de um novo componente de tecnologia ou de uma peça de roupa –, menos itens terão que ser produzidos (acarretando

menos desperdício, menos exploração de recursos escassos e menos impacto coletivo).[56]

Voltar-se para a natureza
- Quando você cheira uma bela flor, ouve o vento ou rega seu jardim, já teve a sensação de que o perfume da flor, o som do vento ou o cheiro da terra estão tentando lhe dizer alguma coisa?
- Quando chove, você já pensou que a chuva estava falando com você?
- Penso em meus alunos, muitos deles com menos de 16 anos de idade, que têm participado de greves e marchas em protesto contra a política do governo britânico para as mudanças climáticas. A meu ver, as políticas do nosso atual governo são um caso de muito pouco, muito tarde. Entretanto, meus alunos começaram a pensar no longo prazo: a imaginar não só o futuro deles, mas o futuro dos filhos deles, quando o mundo natural provavelmente estará ainda mais ameaçado. Acho que é tempo de todos nós nos perguntarmos: "O que posso fazer para apoiá-los?".

COMPARTILHAR UM AMOR DURADOURO

"Existem dificuldades, mas também existem delícias."
— Provérbio japonês

Fui casada duas vezes e compartilhei minha vida com três companheiros de longa duração. Acredito que compartilhar a vida com outra pessoa é um dos equilíbrios mais difíceis de alcançar. Temos que administrar o que é esperado de nós com o que nós esperamos. Somos responsáveis pelo bem-estar do companheiro – e esperamos que sintam o mesmo e nos deem a mesma atenção. Mas, às vezes, acordamos e pensamos: "Estou com a pessoa certa? Nós nos entendemos? O amor é isso? É para ser tão difícil assim?".

Um relacionamento romântico é o ato definitivo do *chōwa*. Em um relacionamento, duas pessoas que às vezes são muito diferentes se unem. Dois de meus companheiros eram ingleses, por isso algumas coisas acabavam se perdendo na tradução. Encontrar meu equilíbrio em um relacionamento transcultural nem sempre foi fácil. Em meu primeiro casamento, meu companheiro japonês supostamente falava a mesma língua que eu, mas por vezes nós não nos compreendíamos; tínhamos prioridades, valores e ideias sobre o significado da harmonia matrimonial que eram muito diferentes. Conforme meu tempo de vida aumenta, aumenta também a minha capacidade de levar algo como o *chōwa*, uma busca ativa por equilíbrio, àqueles que estão próximos a mim. As lições deste capítulo são:

- **Cuidado com suas diferenças...** Às vezes, podemos ter vergonha de dizer à outra pessoa o que realmente desejamos, em especial nosso companheiro. Algumas vezes, para evitar conflito, acabamos silenciando e guardando para nós as coisas que nos frustram sobre o relacionamento. Entretanto, para realmente nos acomodarmos às diferenças do outro, devemos encontrar coragem para compartilhá-las abertamente – não há como nos acomodarmos um ao outro se não estivermos preparados para mostrar quem somos. Isso envolve ser honesto com nosso companheiro e revelar coisas sobre nós que podem nos causar desconforto, bem como confiar em nosso companheiro. É um equilíbrio difícil de acertar.
- **...mas aprenda a celebrá-las.** Abrace o ato de equilíbrio que é compartilhar um relacionamento amoroso. A busca por equilíbrio em um relacionamento tem a ver com criar uma "harmonia" de opostos e não uma harmonia de iguais. O *chōwa* nos ensina a aceitar essas diferenças. Quando tratamos um relacionamento como uma busca por equilíbrio, aprendemos como melhor complementarmos um ao outro.

Os melhores planos traçados...

Dos programas de TV americanos, eu tirava algumas ideias do que seria ir a um encontro, no entanto não fui a nenhum encontro por conta própria antes dos 16 anos de idade. Nos encontramos do lado de fora da estação Shibuya, em Tóquio. Depois de conversar por alguns minutos, a coisa começou a ficar um pouco desajeitada. O rapaz fazia uma pergunta. Eu respondia da melhor forma que podia. Ele assentia e, então, olhava para o chão. Em seguida, ele fazia outra pergunta. Onde estava a confiança tranquila do rapaz que tinha me convidado para sair três semanas atrás? Por fim, ele olhou seu relógio e disse: "É melhor irmos". Disse para que eu não me preocupasse e que tinha um plano.

Caminhamos até chegar a uma cafeteria, onde tomamos uma xícara de café. Mais uma vez, ele fez algumas perguntas um tanto estranhas, uma após a outra, que respondi da melhor forma que consegui. Estávamos lá há meros 15 minutos, quando ele olhou o relógio e pediu a conta. Pegamos um trem para uma agitada rua de lojas localizada em Asakusa. Eu teria gostado de ficar lá por mais tempo, perambulando entre as bancas, mas ele checou o relógio outra vez e nos apressou. Quando chegamos em um restaurante para almoçar, eu estava exausta.

Enquanto eu tomava minha bebida, o rapaz subiu até o andar de cima e foi ao banheiro. Ele havia deixado uma caderneta sobre a mesa e não pude resistir a dar uma olhadinha nela. Ao folhear as páginas, vi que ele tinha planejado atividades para o dia inteiro. E ainda dividiu o dia em intervalos de 5, 10 e 15 minutos. Também tinha escrito ideias para assuntos de conversa, perguntas para me fazer e até como ele poderia responder. Ele só queria acertar, suponho. Entretanto, eu não esperava aquele nível de planejamento ao estilo militar.

A alegria de planejar com antecedência para o *chōwa* do relacionamento

Como já disse mais de uma vez neste livro, o *chōwa* exige que tenhamos uma atitude de preparação mental para descobrir tudo que pudermos sobre as circunstâncias antes de fazer o que pudermos para agir pacificamente, equilibrando qualquer situação.

Quando se trata de relacionamentos, o problema é que os momentos mais excitantes, quando estamos apaixonados ou gostando da companhia de nosso parceiro, são aqueles em que não planejamos nada de forma minuciosa, quando abraçamos o imprevisível – algo que meu namorado de 16 anos teria feito muito bem de manter em mente – e nos deixamos levar pelo fluxo.

Quando conversamos com nossos amigos sobre harmonia em relação ao amor, acabamos rindo. Sabemos que os relacionamentos nem sempre são abençoados. Sabemos que existe algo inerentemente divertido em garantir que tudo seja "exatamente" como em um encontro. Ao mesmo tempo, acredito que vale a pena pensar de maneira deliberada em nossos relacionamentos como algo a que devemos dedicar tempo para conscientemente consertar – e empenhar nosso esforço. Esse assunto é tema de discussão popular nos programas de debate japoneses que abordam, por exemplo, assuntos como reservar ou não um tempo a cada semana para estar em intimidade com o companheiro. Também acredito que existe algo de reconfortante em "planejar", mesmo que nosso objetivo não seja uma harmonia idealizada. Todos nós poderíamos aprender com isso, estejamos encontrando alguém pela primeira vez ou tentando manter a chama acesa em um relacionamento longo.

- **Planejar para acalmar os nervos.** Se estamos planejando um jantar especial de aniversário ou selecionando o lugar perfeito para um primeiro encontro, elaborar um plano pode ajudar a acalmar nossos nervos. O *chōwa* do relacionamento significa ser o mais consciencioso possível em relação à outra pessoa, fazendo um esforço mental para colocá-la em primeiro lugar, e o planejamento pode ser uma grande parte disso. Não precisamos exagerar, mas o planejamento com antecedência pode neutralizar nossos nervos e permitir que tenhamos estado de espírito para romance. E o que é ainda melhor é planejar com o seu parceiro. Nesse caso, vocês podem praticar colocar um ao outro em primeiro plano, ao mesmo tempo que deixam claras suas preferências – um equilíbrio difícil de alcançar, mas que é crucial em um relacionamento.
- **Planejar antes por sintonia.** O melhor tipo de preparação que conheço, em qualquer estágio de um relacionamento, é sempre ouvir o outro da forma mais ativa possível. Evitaremos surpresas indesejáveis se nos sintonizarmos a como a outra pessoa está. Pense na minha descrição de como me coloco na escuta quando minha filha chega em casa, prestando atenção às diferenças no modo como ela diz "Mãe, cheguei". Temos que praticar fazer o mesmo com nossos companheiros.

- **Planejar tempo para estar mais perto.** Nos programas de debate que mencionei, os entrevistados mais jovens tendem a zombar dos entrevistados de meia-idade. Eles defendem reservar uma noite em particular a cada semana para ficar com o parceiro. Podemos cair na rotina e em ritmos que nem sempre incluem reservar tempo para estarmos uns com os outros. Entretanto, planejamento e espontaneidade não precisam ser inimigos. Planejar um pouco adiante – decidindo juntos quando passar uma noite ou uma semana na companhia um do outro – pode ajudar a criar oportunidades para sermos aventureiros e espontâneos, levando vida nova ao relacionamento.

A origem do amor

O conceito de amor e romance no Japão é muito diferente do conceito de amor no Ocidente. Parte disso se deve ao fato de o Japão ter fechado suas fronteiras no século XVII para se proteger contra a expansão colonialista das potências ocidentais, incluindo a Grã-Bretanha, a Espanha e a Holanda. A política de país fechado vigorou por mais de 200 anos (1633-1853). Durante esse período, todo japonês era proibido de deixar o país e nenhum estrangeiro tinha permissão para entrar (à parte dos portos comerciais especialmente designados). As autoridades japonesas se preocupavam particularmente com a disseminação de doenças como a varíola. Outra grande preocupação era a disseminação do Cristianismo. Um efeito indesejado dessa política de fechamento forçado do país foi que os conceitos ocidentais de amor só começaram a influenciar o modo de pensar do povo japonês sobre o romance depois que o país reabriu as fronteiras, no século XIX.

O Japão fechou as fronteiras pouco depois da publicação dos sonetos de Shakespeare, e só voltou a reabri-las após a morte de Wordsworth. Foi durante esse período que ganharam forma certas ideias sobre o amor que os ocidentais de agora tomam como certo: amor baseado em preferências pessoais e afeto mútuo, em vez de expectativa social; um único parceiro que, de algum modo, é destinado para nós e que estamos "fadados" a conhecer. Tenho que dizer que, às vezes, o conceito ocidental de amor me soa muito idealista, e até mesmo irreal. Sempre achei a ideia japonesa do amor um pouco mais terrena.

O amor descrito nos *haikus* japoneses é um bom exemplo. Os *haikus*, ainda que descrevam principalmente a natureza, também descrevem o amor. Como a natureza, o amor muda a cada instante e, quando isso acontece, pode parecer fugaz, efêmero. Embora os personagens nos poemas *haiku* possam parecer estranhos – usar grampos *kanzashi* ou passear por aí usando um quimono –, o modo como eles amam parece familiar. Uma mulher encara seu leque, sem dizer uma palavra. Há uma trégua no leito, quando o casal toca primeiro as mãos e, então, os pés. Um homem reflete sobre a excitação de fazer amor com sua esposa em plena luz do dia. Esses são, todos, temas atemporais que poderiam ter acontecido ontem, em vez de há centenas de anos. E, então, há o *shunga*, a forma de arte erótica popular da era Edo. Uma imagem mostra um par de amantes tentando arrancar as roupas um do outro, mas sendo impedidos pelas camadas e camadas de quimono. Olhamos a imagem, pensando que eles, talvez, já terão perdido a vontade quando conseguirem se livrar de toda aquela roupa. E pensamos em nossa vaidade. Por baixo dos trajes coloridos, afinal, os dois amantes são apenas pessoas.

Enquanto a cultura ocidental muitas vezes enxerga o amor como um ideal sublime, algo sagrado, quase intocável, o Japão se apega a uma impressão mais realista e prática do amor e do companheirismo, que requer coragem para começar e muito esforço para sustentar. O amor, pelo menos em alguns casos, pode ser algo que é apreciado em um momento e que acaba no momento seguinte. Na cultura japonesa, o amor pode ter a ver com levar um dia de cada vez. Por isso, embora se possa dizer que o Japão se desligou da rica tradição do amor ocidental, o resto do mundo também perdeu a interpretação exclusiva e não sentimental do Japão acerca dos relacionamentos e do romance: que significa desejar, sentir ciúmes, sentir vergonha ou perder um amor.[57]

O equilíbrio mais difícil de todos

Estabelecer um relacionamento estreito com outra pessoa é um dos maiores desafios que podemos assumir. Na última seção deste capítulo, quero incentivar uma reflexão sobre as bases de um bom relacionamento enquanto celebração do que nos torna diferentes e não uma suavização de diferenças. Quando você toma um caminho ruim em um relacionamento, pode cair na tentação de fingir que tudo está bem. Mas é muito melhor ser honesto sobre seus sentimentos. Quando estamos encontrando o equilíbrio em um relacionamento, nossa afeição pelo outro é imensamente importante, assim como a capacidade de nos comunicarmos de forma honesta com ele. Devemos ser capazes de descobrir o que o outro precisa de nós, sem esquecer de perguntar o que nós precisamos dele.

Compreender as diferenças • Pode ser difícil aceitar, mas a verdade é que seu companheiro é uma pessoa diferente de você.

O *chōwa* nos ensina que a base de um bom relacionamento, assim como outros aspectos da busca pelo equilíbrio, deve começar por uma investigação apropriada, mesmo que isso se pareça um pouco como nos negócios. Minha experiência mostra que viver em algo semelhante a um equilíbrio em um relacionamento começa com alguém com quem possamos nos dar bem. As diferenças sempre existirão, por isso encontrar alguém com quem se tenha bastante afinidade para construir uma vida confortável e feliz juntos é muito importante. Queria que alguém tivesse me dito isso antes. Tive que aprender da forma mais difícil.

Estejam juntos há um mês ou há 10 anos, existem algumas diferenças entre as partes de um casal que serão impossíveis de "corrigir" ou modificar. Até certo ponto, todos temos que aprender a aceitar nossos parceiros pelo que são: o modo como foram moldados pela criação que tiveram, os amigos e as experiências de vida, incluindo relacionamentos anteriores. Nem sempre é fácil. Podemos ficar sabendo de coisas que a princípio não esperávamos – pelo menos, não quando os conhecemos, quando parecem ser tão transparentes, tão simples. Mas essa jornada também pode ser uma enorme diversão. Tentar realmente estar em sintonia com nossos companheiros, conversar com eles sobre os eventos que os moldaram, seus medos, aquilo que desejam, suas paixões, pode trazer a energia que faz o relacionamento funcionar. Quando os dois fazem um esforço consciente para compreender as diferenças, isso ajuda a uni-los mais estreitamente.

Celebrar a diferença • Pense no *wa* do *chōwa*, que significa construir a paz ativamente. Acho que isso pode nos ajudar a entender o que significa celebrar nossas diferenças nos relacionamentos – não pelo compromisso (por exemplo, concordando com algo que nenhum dos dois realmente deseja), mas saboreando a tensão entre duas opiniões, dois pontos fortes, duas pessoas.

Celebrar as diferenças pode significar algo tão simples quanto aprender a amar a busca por equilíbrio em cada conversa entre vocês, seguir para o lugar que as pequenas discordâncias os levam – ou até mesmo para onde os grandes argumentos podem conduzir – e aceitar cada ponto de vista firmemente sustentado pelo outro. Vocês não têm que concordar em tudo. Vocês podem concordar em discordar.

> **Colocar o outro em primeiro lugar.** O *chōwa* é uma busca ativa por equilíbrio – temos sempre que trabalhar nisso e continuar alertas para os problemas. Quando falamos sobre "cuidar" de alguém, isso pode parecer um tanto piegas, talvez até passivo. Mas cuidar é um verbo. Temos que fazer isso ativamente – com palavras de carinho, atenção, formas de cuidar quando estamos juntos e formas de cuidar mantendo o contato quando estamos separados.

Você não tem que dizer "eu te amo" • Em japonês, não existe de fato uma forma de dizer "eu te amo". Existe o verbo "amar" (*aishiteiru*), porém ele soa um pouco artificial nesse contexto.

愛

Ai

O caractere *ai* é elevado. Também é usado para significar amor pelo país de alguém (*ai-koku*). *Ai* soa um tanto sério demais para muitos japoneses. As únicas situações em que qualquer um diria *aishiteiru* seria em um pedido de casamento ou se fosse um personagem de melodrama japonês. Acredito que um dos motivos pelos quais os japoneses têm tanta dificuldade para dizer "eu te amo" está no fato de eles sentirem que o amor deve ser mostrado por ações e não palavras.

No Japão, as jovens, assim como as ocidentais, não falariam em estar ou não "apaixonadas" pelo bonitão da sala de aula. Elas falariam de "gostar" ou não dele. Diferente do que ocorre no ocidente, porém, essa palavra "gostar" (*suki*) abrange todas as bases. É o tipo de "gostar" que se usaria se sentisse atração por um rapaz da classe, mas também é o tipo de "gostar" que se poderia dizer, confortavelmente, depois de um segundo encontro fantástico. É, ainda, o tipo de "gostar" que se poderia dizer após ter vivido com alguém por uma década: *suki desu* – "eu gosto muito de você".

Existe algo nesse modo direto de expressar o quanto gostamos de uma pessoa que acredito que poderia nos beneficiar se fosse reintroduzido em nossos relacionamentos adultos. Se você está procurando algum tipo de romance ou relacionamento, então, em vez das elevadas alturas do "amor verdadeiro", por que não pensar se você realmente "gosta" ou não da próxima pessoa com quem sair? Caso já esteja em um relacionamento, permita-se pensar no quem você realmente gosta na pessoa com que está se relacionando. E deixe-a saber disso.

好き
suki

As in anata ga dai suki desu ("eu gosto de você de verdade")

No Japão, existe a palavra "amor" escrita como *ra-bu*. Você notará que, nesse caso, a escrita é mais regular. Isso se deve às letras destinadas à escrita de palavras estrangeiras emprestadas do inglês. "Love" ou *ra-bu* é o que geralmente se usa para falar no conceito ocidental de "amor". É impresso em camisetas, discutido em romances modernos e artigos de jornais, e atualmente é discutido de maneira infindável pelos adolescentes, que veem filmes ocidentais o suficiente para saber seu significado (enfim, o mesmo que qualquer um de nós).

ラブ
ra-bu

"Love", como em *ra-bu hoteru* (love hotel [motel])

Os *love hotel*s são uma forma popular de acomodação para estadias curtas no Japão, que proporciona aos casais uma oportunidade de passarem algum tempo exclusivamente a sós (sem se preocuparem em serem ouvidos através das finas paredes de papel das casas familiares tradicionais). Um casal pode passar tanto a noite como algumas horas lá. Alguns quartos são simples, porém os *love hotels* de luxo podem ter hidromassagem, cenários de fantasia e quartos que atendem a quaisquer excentricidades ou preferências. São espaços seguros para os casais fugirem da rotina diária e tratarem seus relacionamentos um pouco mais como uma aventura excitante – ainda que de uma forma discretamente secreta.

Quando alguma coisa vai mal, deixe seu companheiro saber • Uma diferença cultural entre as mulheres do Japão e as da Inglaterra é a incapacidade de muitas japonesas de falar o que querem em um relacionamento. No espírito do *chōwa*, em um relacionamento – fazer a lição de casa antes de fazer o que se pode para agir, e responder generosamente aos outros – precisamos saber o que nosso parceiro está pensando para podermos ter alguma chance de resolver qualquer questão. Contudo, também temos que assumir a responsabilidade de dizer com clareza o que precisamos. *Não dizer o que queremos, ou ignorar nossas necessidades em um relacionamento, não levará à harmonia.*

Seja em relacionamentos de curta ou longa duração, podemos acabar fazendo cálculos em nossa mente, ponderando o equilíbrio das coisas que conseguimos e daquilo que realmente necessitamos. Dizemos que não nos importamos com *x*, que podemos tolerar *y* e que o hábito de nosso companheiro de fazer *z* realmente não é problema, porque o amamos. Isso acontece comigo. As pequenas coisas vão se somando e posso vê-las, com certeza, ferindo mais as minhas amigas japonesas do que as minhas amigas inglesas que falam de maneira franca. Quando sorrimos e seguimos como se estivesse tudo bem, não alcançamos magicamente o estado de *chōwa*. Não há como encontrar equilíbrio, seja consigo ou com a outra pessoa.

Não tenha medo de pedir o que precisa... Quando se está em um relacionamento, a busca por equilíbrio requer que ambos peçam coisas que a outra pessoa tem que se esforçar para dar: mais honestidade ou maior privacidade; mais sensibilidade ou um pouco mais de espaço.

...mas seja realista. O *chōwa* demanda que permaneçamos em sintonia com o mundo real, com as pessoas ao nosso redor. É possível que você esteja exigindo demais do seu relacionamento. Em um mundo em que estamos cercados por imagens de homens e mulheres perfeitos, não se trata apenas de um caso de pornografia dando aos homens expectativas irreais de suas parceiras e de suas vidas sexuais, e sim de uma cultura que gira em torno de padrões de beleza impossíveis de alcançar na vida cotidiana. Se você comparar um parceiro a uma fantasia, é provável que ele jamais seja bom o suficiente e que nunca consiga corresponder.

Nunca é tarde demais para encontrar a pessoa certa • Constatei que viver de maneira consciente, tendo o *chōwa* em mente, implica ter uma visão cética de "destino" e "sorte". No Japão, por vezes dizemos *un ga ii*. *Un* significa "destino". *Un ga ii* significa literalmente "quando o destino é bom" ou "sou sortuda". É verdade que algumas coisas acontecem sem que as tenhamos previsto. Entretanto, espero, ao longo da leitura deste livro, estar incentivando a reflexão de que a harmonia não é algo que simplesmente acontece. Não podemos ser passivos. Devemos usar seus sentidos. Envolva-se com sua vida. Isso me lembra uma frase em inglês de que gosto: *you make your own lucky* ("você faz a sua sorte"). Acredito que exista alguma verdade nisso, particularmente quando se trata do amor.

Ao mesmo tempo, a boa sorte nem sempre se deve totalmente aos nossos esforços; ela também tem muito a ver com os outros. Eu jamais teria experimentado ter um encontro on-line se não fosse pelo incentivo da minha filha. Foi ela quem fez meu perfil e configuração. Quando comecei a falar com o homem com quem depois me casei, Richard, ambos dissemos que não tínhamos tido muita sorte naqueles sites. Estávamos cansados de viver segundo as expectativas dos outros. Então, marcamos um encontro físico para nos conhecermos.

Cheguei vestida em um quimono brilhante. Mesmo em uma cidade tão multicultural como Londres, andar pelo Tâmisa usando um quimono ainda chama atenção. Isso foi um bom "quebra-gelo" e, em certo sentido, também foi um bom teste. Acho que ele ficou bastante contente em ser visto na companhia de uma japonesa que vestia um belo quimono.

Tínhamos concordado em nos encontrarmos no rio e almoçarmos juntos, mas ficamos tomando drinques até o fim da tarde. E os drinques viraram um jantar. Era tarde quando finalmente deixamos o *pub* e seguimos cada um o seu caminho. Ambos ficamos encantados por termos passado um dia como aquele. Terminei o dia sem saber exatamente o que estava por vir, mas cheia de esperança e otimismo para o próximo encontro.

Hoje, celebramos nosso aniversário, todo ano, no mesmo *pub*. Penso na frase *un ga ii* ("foi o destino"). Penso no *chōwa*, e no universo sendo arranjado em algum tipo de harmonia. Richard e eu nunca nos encontramos sem que ambos levassem consigo as experiências que nos tornaram quem somos. Eu jamais teria me encontrado com Richard se não fosse a minha filha, que organizou meu perfil de encontros.

Lições do *chōwa*:
Compartilhar um amor duradouro

Se você está procurando alguém para amar
- Compartilhar a busca por equilíbrio com alguém é uma das maiores alegrias da vida, por isso saia e encontre o seu alguém especial. Qualquer coisa que ficou para trás, ficou para trás. A pessoa que você foi em seus relacionamentos anteriores não é quem você é agora. Pense em tudo que aprendeu – até mesmo nas coisas que as experiências difíceis lhe ensinaram. Pense no que você pode ser capaz de ensinar a alguém, e o que ela pode aprender de você. Nunca é tarde demais para encontrar a pessoa certa.[58]

Se você já encontrou alguém
- Caso já tenha encontrado alguém, diga-lhe como você se sente. Você não tem que dizer "eu te amo"; você pode usar outras palavras e outros modos de dizer como se sente. Melhor ainda, demonstre! Tente planejar algo para fazerem juntos – férias, começar um novo *hobby* – ou compartilhe um segredo, um prazer mundano ou uma história que você sempre quis dividir com alguém.

VALORIZAR CADA ENCONTRO

"As nuvens fluem como a água."
— Provérbio tradicional zen japonês

Deixei o Japão há 25 anos. Sempre que volto lá, visito a minha mestra de cerimônia do chá, Toshiko-sensei. Seja o que for que tenha me levado ao Japão – um casamento, um feriado ou um funeral –, praticar essa arte de 400 anos me dá a oportunidade de fazer um balanço e encontrar meu equilíbrio, independente de meu estado mental ao entrar no silencioso salão do chá. A cerimônia do chá me remete ao lugar de onde eu vim: cada pequeno movimento na cerimônia, cada ação cuidadosa, é um pedaço de história viva. A cerimônia do chá nos lembra que o presente está em mudança constante. Sim, alguns aspectos da cerimônia do chá continuam os mesmos – a limpeza dos utensílios, a mistura do *matchá* em pó, a luz do sol entrando pelas janelas dos painéis *shōji*. Entretanto, talvez uma das fibras do batedor esteja um pouco envergada. Talvez esse chá tenha um sabor um pouco mais amargo do que da última vez. E, claro, a luz do sol atravessando as janelas de papel não é a mesma luz solar do nosso último encontro. Além disso, a quietude da mente, a qualidade pura de atenção que tentamos cultivar na cerimônia, não é algo que cultivamos apenas no salão do chá. Temos que estar preparados para levar a nossa prática para o mundo; é uma questão de lições tanto na arte de viver quanto na arte do chá. Ao apresentar os princípios da cerimônia do chá, quero resumir as lições-chave do *chōwa* que aprendemos neste livro e compartilhar algumas reflexões finais sobre como você pode levar o *chōwa* com você pelo mundo.

- *Lembre-se da importância da gentileza, do equilíbrio e da boa companhia*. A cerimônia do chá nos ensina o valor de abordar cada reunião – com amigos, familiares ou mesmo com estranhos – tendo o *chōwa* em mente. Os princípios da cerimônia do chá nos lembram as lições do *chōwa*: pensar no delicado equilíbrio de toda reunião, cuidar até dos pequenos itens com um espírito de zero desperdício e pensar em como podemos servir o outro não são apenas atos altruístas, mas atitudes entrelaçadas ao nosso senso pessoal de harmonia.

- *Uma vez, um encontro.* A harmonia não é um ideal distante. É a soma de tudo que nos trouxe a este momento, independente do que estivermos fazendo agora, com quem quer que estejamos, se estamos reunidos para uma celebração ou para chorar a perda de alguém. A cerimônia do chá é o refinamento desse ensino central do *chōwa*: de que só temos o agora, e que *só temos uns aos outros*.

A arte da cerimônia do chá

A cerimônia do chá em si é muito simples. Acender a brasa de carvão e ferver a água. A limpeza suave e natural dos itens. O som adorável da chaleira japonesa tradicional sobre o carvão em brasa. Verter, com o auxílio de uma concha de bambu, um pouco de água quente dentro de uma xícara. A sonoridade da mestra da cerimônia do chá misturando o *matchá* verde em pó usando uma concha de bambu.

A longevidade da cerimônia do chá anda de mãos dadas com o tratamento dos utensílios – e com o compromisso de ambas as partes, alunas e mestras da cerimônia do chá, para com alguns princípios filosóficos. São esses princípios subjacentes à cerimônia do chá que tornam essa arte antiga uma *masterclass* em *chōwa*.

Wa kei sei jyaku
(harmonia, respeito, pureza e tranquilidade)

Enquanto escrevo, olho para cima e vejo, pendurado na parede de meu escritório, um quadro de caligrafia japonesa escrita com pincel e tinta preta. Três dos quatro caracteres na folha de papel artesanal foram escritos por minha amiga, uma talentosa praticante de *shodō*, a arte da caligrafia. O primeiro caractere, *wa*, o mesmo de *chōwa*, foi escrito por mim. Lê-se:

和 敬 清 寂
wa kei sei jyaku

Wa kei sei jyaku são os quatro princípios do chá. Cada um deles ilustra certo aspecto da prática da cerimônia do chá, bem como o objetivo de nossa prática:

- *Wa* (harmonia)
- *Kei* (respeito)
- *Sei* (pureza)
- *Jyaku* (tranquilidade)[59]

Neste capítulo, peço a você que se una a mim em uma visita à casa da minha mestra de cerimônia do chá. Ao lhe mostrar como a cerimônia do chá é realizada, espero que você tenha mais facilidade para refletir sobre o que os princípios do chá podem nos dizer acerca do *chōwa*. Assim como os alunos conseguem absorver e praticar as lições da cerimônia do chá fora do salão do chá, consideraremos como transferir o *chōwa* das páginas deste livro para o mundo mais amplo.

Chegando na casa de chá

Você e eu estamos caminhando pelo jardim da minha mestra de cerimônia do chá, Toshiko-sensei. Um riacho corre pelo jardim, desembocando em um pequeno lago. Há uma ou duas pilhas de folhas, onde o jardim foi limpo. Três folhas flutuam na superfície do lago. Lavamos nossas mãos no riacho. Usando uma concha *hishaku* de madeira, tomamos um gole de água fresca natural. Limpamos a concha para os próximos visitantes que virão ao jardim, despejando água fresca na *hishaku* de modo que escorra pelo cabo e caia de volta no riacho. Limpar nossas mãos e enxaguar nossas bocas com água é um ato simbólico de pureza que fazemos antes de entrar no salão do chá. Esse ato nos lembra que estamos prestes a entrar em um espaço especial.

Para entrar na casa principal, temos que andar por um caminho sinuoso de pedras irregulares. Elas são distantes e sulcadas o bastante para nos preocuparmos com não perder o equilíbrio. Você fica de olho nas pedras, na aspereza delas e no caminho escorregadio coberto de musgo enquanto pisa cautelosamente, fazendo o melhor que pode para manter o equilíbrio.

Wa – harmonia entre a anfitriã e suas convidadas

Quando falamos na cerimônia do chá, o *wa* se refere à harmonia entre a anfitriã e suas convidadas. O *wa* tem a ver com o cometimento das mestras de cerimônia do chá e de suas alunas em se preparar totalmente para a cerimônia. Como no *chōwa*, a preparação e a investigação são essenciais para uma reunião de chá bem-sucedida e harmoniosa.

Para a minha mestra de cerimônia do chá, as preparações começam com semanas de antecedência. Toshiko-sensei envia os convites, troca o painel *shōji* nas portas de correr e descobre um pouco sobre cada pessoa convidada para poder fazer as apresentações. Ela irá garantir a limpeza do jardim e, na manhã da cerimônia, com o pessoal da cozinha no salão do chá, ela prepara uma refeição *kaiseki* para todos. Ela também garante sua preparação para possíveis imprevistos (ela mantém um estoque de acessórios de reserva para a cerimônia do chá, para o caso de alguém esquecer os seus). Ela nunca deixa de sorrir. Sempre fico impressionada com a gentileza de Toshiko-sensei. Sua reputação no mundo do chá é suficiente para torná-la intimidadora, em especial para as iniciantes. No entanto, seu sorriso ajuda todas a relaxarem.

É claro que nós, como convidados, também nos certificamos de estarmos totalmente preparados. Checamos se nossos quimonos são adequados para a ocasião, consultando um livro de etiqueta para garantir que fizemos o nó corretamente em nossos *obi*, e lavamos nossas mãos e boca no jardim. Esse é mais um gesto que mostra que deixamos de lado, ao menos por um momento, todos os pensamentos do mundo material, do mundo externo ao salão do chá.

Wa – harmonia no salão do chá

Quando as pessoas me perguntam se é estressante estar tão focada em fazer tudo exatamente certo, em me comportar da melhor maneira que posso na cerimônia do chá, respondo com honestidade que não. É como aprender um tipo de dança ou estar no palco. O modo como nos movemos, o tipo de coisas sobre as quais podemos falar, tudo isso foi decidido há 400 anos, pelo mestre de chá Sen no Rikyū. Tentamos fazer os gestos certos, centímetro a centímetro, da maneira como eles eram realizados naquela época. A cerimônia do chá nos permite cortar nossa conexão com o mundo moderno, voltar no tempo para descobrir o senso de sofisticação, educação e conversação de outra cultura. Assim como na encenação de uma peça, apreciamos ser parte integral de um grupo, nos comprometendo a fazer algo juntas e desejando que tudo esteja correto.

Antes de começar a parte da cerimônia em que se toma o chá, a mestra nos apresenta uma bandeja de doces japoneses tradicionais. De fato, o que mais me empolgou na cerimônia do chá foi a oportunidade de provar esses doces adoráveis – *wagashi* – que normalmente são feitos com pasta de feijão ou frutas. A doçura deles é natural, mas são levemente polvilhados com açúcar. A cerimônia do chá geralmente ocorre após uma refeição. Esses doces são um tipo de sobremesa. Depois que comemos os *wagashi*, é quando a cerimônia realmente começa.

O *chōwa* implica começar com o pé direito, fazendo nossa investigação e nos preparando. A cerimônia do chá requer equipamento especial, mas suas lições sobre vestir-se de maneira apropriada para a hora, o lugar e a ocasião, e estar o mais preparado possível, inclusive para o pior cenário, também se aplicam à nossa vida diária.

O *chōwa* implica cultivar uma "postura mental" calma e recolhida. Destinar um tempo para encontrar o ponto de foco e equilíbrio em nossa mente é a melhor preparação para a cerimônia do chá. É também a melhor dádiva que podemos levar conosco para o mundo externo ao salão de chá: seja na companhia de nossos familiares ou garantindo que estamos tratando bem nossos colegas e clientes no trabalho, aprendendo algo novo ou ajudando outras pessoas, praticar o *chōwa* é a consequência, e a busca, dessa "postura mental" calma.

Kei – respeito pelos utensílios

Uma parte importante da criação de uma atmosfera de harmonia no salão do chá é o respeito e cuidado que demonstramos por cada objeto usado na cerimônia. Não importa o quão antigo ou novo eles sejam, tratamos igualmente todos os itens no salão do chá. Limpar cada objeto usado na cerimônia é, em certo sentido, tão importante quanto tomar o chá em si. A seguir, são listados alguns itens que usamos na cerimônia:

- Recipiente para o chá
- *Matchá* em pó
- Xícara de chá
- Concha de bambu usada para servir o chá
- Espátula de bambu usada para colocar o *matchá* em pó nas xícaras
- Batedor de bambu para misturar o chá
- O belo lenço de seda usado para limpar esses itens

Uma vez que todas estejam sentadas, Toshiko-sensei se curva para nós e começa a limpar os utensílios da cerimônia do chá com o pano *fukusa*: primeiro o *natsume* (o recipiente), em seguida o *chawan* (a xícara) e, então, o *chasen* (o batedor). Ao limpar o batedor, ela derrama uma concha de água quente na tigela do chá, ergue o batedor com a mão direita e agita a água dentro da tigela. Ela então o levanta e inspeciona cada fibra do batedor. Aquecer o batedor primeiro garante que as fibras amoleçam e, assim, não se quebrem ao bater o *matchá* em pó no decorrer da cerimônia.

O *chōwa* implica tratar as coisas que adquirimos com um espírito de *mottainai*. Encontrar o equilíbrio não é uma questão de comprar nosso caminho para um espaço "harmonioso" de convivência, nem comprar a última engenhoca para eliminar alguns segundos de tarefas diárias: tem a ver com tratar nossos pertences com o respeito que eles merecem. O relacionamento que temos com os objetos é um delicado equilíbrio: devemos descobrir como servi-los da melhor forma que podemos, para que eles, por sua vez, possam nos servir. Comprometa-se com um espírito de *mottainai* (não desperdiçar). Pense com cuidado sobre o que você precisa e o que não necessita. Use seus pertences pelo máximo de tempo possível, reparando e reutilizando-os sempre que possível.

Kei – respeito mútuo

Imagine que você está sentado, de pernas cruzadas, em um piso de tatame no salão de chá, junto comigo e, talvez, mais três alunos de chá. Estaríamos em um canto do salão, de frente para a mestra de cerimônia – Toshiko-sensei –, que estaria sentada no outro canto do salão, preparando o chá. Ela provavelmente apresentaria você aos demais participantes como alguém do meu convívio. Ela lhe daria calorosas boas-vindas. Você se curvaria e, ao fazer isso, perceberia que meu leque está sobre o piso, na minha frente, e que minhas mãos estão postas bem na frente dele. Esse uso do leque é uma perfeita ilustração de equilíbrio na cerimônia do chá. Somos respeitadoras da harmonia no grupo, mas também respeitamos os espaços pessoais privados de cada uma.

A reunião tem um objetivo – conversar sobre vida e arte, mostrar respeito por esta cerimônia antiga e nos divertirmos. As apresentações serão breves e objetivas. Ao me apresentar, Toshiko-sensei pode falar sobre meu trabalho assistencial. Se os demais convidados quiserem conversar mais comigo sobre minha obra de caridade, depois poderão fazê-lo. Mas não há pressão nem obrigação para quem não quiser.

Não há conversa fiada no salão do chá. Este é um lugar em que admiramos as obras de arte penduradas nas paredes, apreciamos o sabor do chá tradicional e a cerâmica em que o bebemos.

Os alunos mais antigos receberão o chá primeiro e, então, passarão o *chawan* aos demais integrantes da reunião.

O *chōwa* tem a ver com pequenas coisas que fazemos para criar uma atmosfera de respeito mútuo. Dedique tempo para ouvir as outras pessoas ativamente. Foque em prestar atenção ao que elas dizem e não à sua resposta. Tente não gastar energia demais com emoções como raiva e frustração, ou com sentimentos como vergonha e fracasso. Saiba que tais sentimentos virão, mas saiba também que, assim como tudo o mais, eles passarão.

Sei (pureza) – a apreciação da arte e da beleza natural

Na cerimônia do chá, o *sei*, ou pureza, tem menos a ver com limpeza do que com beleza natural, a qual inclui a apreciação da arte no salão do chá. A arte inclui as imagens impressas de cenas naturais, os quadros de caligrafia pendurados na parede, os vasos usados na cerimônia do chá e nossos movimentos fluindo como parte da cerimônia.

Podemos apreciar a arte – talvez uma imagem impressa de montanhas ou de uma cachoeira. Podemos apreciar a caligrafia, que muitas vezes reflete um *zengo* ou "provérbio zen". Já introduzimos alguns no decorrer do livro, tais como *shōyoku, chi-shoku* ("desejo pequeno, sábia suficiência") e *kō-un-ryū-sui* – "as nuvens fluem como a água" (o *zengo* que usei na abertura deste capítulo).

Outro aspecto da apreciação da caligrafia é a maneira como foi traçada. Diz-se que o modo como um guerreiro desembainhava sua espada mostraria o tipo de pessoa que ele era. O mesmo acontece com a caligrafia. O modo como você maneja o pincel pode dizer muita coisa sobre o seu caráter. É muito empolgante ver a caligrafia de alguém importante do passado – de um samurai, um praticante de artes marciais, um ator ou grandes políticos. Assim como quando relemos uma carta de um amigo de infância, percebemos que ela pode ter sido escrita de maneira cuidadosa – por exemplo, ao compartilhar notícias ruins – ou precipitadamente. Olhar uma caligrafia antiga pode ser parecido com receber uma carta pessoal com data de centenas de anos atrás.

Quando se trata de fazer perguntas sobre caligrafia, a arte pendurada nas paredes, o arranjo de flores no salão ou até mesmo sobre a cerâmica – grande parte da louça usada na cerimônia do chá tem anos de existência –, fazemos perguntas simples: Qual é o nome do chá? Você pode nos falar um pouco sobre as flores de hoje? Qual é a história do vaso?

O importante sobre a arte presente no salão do chá e sobre o salão propriamente dito *é sua qualidade sei*; uma pureza. Não há luz elétrica. É possível sentir o odor da palha dos tatames. Ver os padrões florais dos quimonos. A única luz no salão advém da luz solar filtrada pelos painéis *shōji*. O único som é o da *água fervendo* na chaleira antiga sobre o braseiro aceso, além dos sons da natureza do lado de fora – o canto dos pássaros ou o ruído das cigarras.

O *chōwa* implica acompanhar a natureza e não ir contra ela. Encontrar nosso equilíbrio no mundo tem muito a ver com o quanto nos abrimos à apreciação de verdades muito simples: Que somos todos parte da natureza. Que a vida envolve sofrimento. Que as menores coisas são maravilhas e muito valiosas.

Jyaku (tranquilidade)

A palavra *jyaku* significa tranquilidade. É o mesmo caractere de *sabi* em *wabi-sabi*. Talvez a palavra tranquilidade oculte um pouco da complexidade desse caractere. Ele não significa apenas o sentimento que se tem ao contemplar a quietude do jardim de Toshiko-sensei no outono, mas também a sensação de solidão e melancolia que sentimos ao contemplá-lo. É uma estética: o tipo de sentimento que se tem ao ver um *chawan* antigo e saber que tantas pessoas que beberam nela já não estão entre nós. É outro daqueles delicados pares de *chōwa*. Beleza e tristeza.

A tranquilidade que advém da cerimônia do chá é muito similar à apreciação do mundo natural que advém da compreensão de *mono no aware* – a consciência de que tudo passa. Nada dura para sempre. Devemos aprender a apreciar o que temos hoje e a valorizar a felicidade do outro. Não estaremos aqui por muito tempo. Conhecer essa verdade nos tranquiliza enquanto tomamos nosso chá, silenciosamente, dividindo o mesmo momento.

O *chōwa*, como a tranquilidade, não é um objetivo em si. A caligrafia pendurada na parede do meu escritório – *wa kei sei jyaku* – está escrita em um quadrado. Isso sugere um tipo de fluxo e não uma jornada linear de um ponto ao outro. A explicação disso é que alcançar um estado mental de quietude – *jyaku* ou tranquilidade – não é a finalidade da nossa prática. É simplesmente o melhor estado mental para começar a implementar o restante dos princípios: *wa*, *kei* e *sei*.

O mesmo se aplica ao *chōwa*. Espero que você tenha percebido que o *chōwa* não é um fim em si. Embora este livro seja sobre "encontrar o equilíbrio", isso não é o fim de nossa jornada. O equilíbrio é a "postura mental" a partir da qual podemos aprender a nos responder de forma mais generosa, continuar em melhor companhia com os outros e estender um espírito de geração ativa de paz à sociedade.

Nunca paramos de praticar o *chōwa* – um equilíbrio é sempre um ato de equilibrar.

Quero, agora, lhe apresentar o último *zengo*:

一期一会

ichi-go, ichi-e

ichi significa "um"

ichi-go significa "uma vez"

ichi-e significa "um encontro"

Em sua vida, este momento, este encontro, só acontecerá uma vez. Ele jamais voltará a se repetir. Essa frase curta nos incentiva a apreciar cada momento conforme ele vai acontecendo.

Onde você está lendo este livro? Enquanto você lê essas palavras, quais pensamentos estão passando pela sua mente? Como é ouvir a minha voz nessas páginas? Pense neste momento, onde quer que você esteja, o que quer que esteja fazendo. Perceba que este momento, este instante, em que você e eu chegamos a este ponto de nossa conversa, jamais se repetirá. Nos encontraremos aqui somente uma vez, para depois nos separar e seguir nossos caminhos.

A cerimônia do chá é assim. Hoje, podemos estar com Toshiko-sensei no salão do chá, na casa dela. Os utensílios que estamos usando podem ter centenas de anos e terem sido usados em milhares de cerimônias similares. Mas nosso encontro, aqui e agora, nunca aconteceu antes. Depois que deixarmos o salão do chá, sabemos que possivelmente não tornaremos a vê-los.

Nem sempre pensamos nisso, mas lembrar do *ichi-go, ichi-e* – uma vez, um encontro – nos lembra por que praticamos o *chōwa*, porque a "harmonia" com o outro é tão importante. Na próxima vez em que você for a uma festa, ou sair com amigos, pense em seu estado mental. Se tiver bebido, como é ter tomado cerveja ou vinho? Como você se sente com certos amigos? Ou o peso que você sente com a ausência de alguns amigos? Não importa se você vê seus amigos com frequência ou raramente, pensar em cada encontro com um espírito de *ichi-go, ichi-e* permitirá que você sinta o equilíbrio único de cada encontro. E o valorize.[60]

Vida e morte

Não sabemos o que o amanhã trará. Na época dos samurais, a cerimônia do chá era praticada com o conhecimento de que qualquer participante, em particular os samurais, poderia sair do salão e nunca mais voltar. Era proibido aos samurais levar sua espada para dentro do salão do chá. Eles tinham que deixá-la do lado de fora, em um lugar especial na parede. Após a cerimônia, eles pegariam suas espadas novamente. Eles podiam seguir para uma batalha em uma província estrangeira e lá morrer, sem jamais voltar a ver as pessoas que compartilharam o chá com eles naquele dia.

Quando olhamos a vida pelas lentes do *chōwa*, podemos ver que até mesmo a perda tem lições a nos ensinar sobre nossa fragilidade, como indivíduos e sociedades. Ao longo deste livro, conversamos sobre como o *chōwa* pode nos ajudar a fazer a coisa certa em qualquer situação. Mas, quando se trata da perda, não importa o quanto estejamos preparados, não importa o quão extensiva tenha sido a nossa investigação, a resposta mais apropriada não existe, e não há nada que possamos fazer para compensar uma ausência.

Quando perdemos pessoas próximas, é perfeitamente natural que nos sintamos como se tivéssemos caído e que não há nada que possamos fazer para conseguir levantar.

Mas o *chōwa* nos lembra que as pessoas se reúnem em momentos de tristeza. Nos ensina que as pessoas que continuam vivas são as que mais importam, e que devemos nos ajudar uns aos outros a ficar de pé novamente.

A morte de Sen no Rikyū

Sen no Rikyū nasceu em 1522, em uma família japonesa de classe média comum. Em vez de seguir seu pai nos negócios, ele buscou uma vida mais espiritual. Seus estudos de Zen Budismo o levaram a desenvolver grande interesse pelo chá. No tempo de Sen no Rikyū, as casas de chá tinham se transformado em meios extravagantes de demonstrar o status e a riqueza pessoal daqueles que as contratavam. A influência de Sen no Rikyū mudou tudo isso.

Totoyomi Hideyoshi (1537-1598) era o lorde samurai mais poderoso do Japão naquela época. Ele também se imaginava um aficionado de chá. Hideyoshi, assim como muitos homens ricos, era facilmente persuadido pelo poder do ouro, e comissionava vários "salões do chá de ouro". Isso era muito contrário às sensibilidades de Sen no Rikyū. No entanto, Hideyoshi admirava o grande mestre e lhe pediu para que se tornasse seu mestre de cerimônia do chá. Sen no Rikyū aceitou. Mas, conforme a aclamação de Sen no Rikyū crescia, Hideyoshi foi ficando com ciúmes e medo de seu mestre do chá. Ele então acabou dando a Sen no Rikyū uma terrível escolha: se ele desejava morrer assassinado ou preferia manter a honra e morrer pela própria espada. Sen no Rikyū escolheu o ritual suicida.

Antes de morrer, ele preparou tudo, incluindo os preparativos de seu funeral. Reuniu seus alunos favoritos em um último encontro. Eles comeram, leram poesia e participaram da cerimônia do chá, sabendo que aquela seria a última vez que desfrutariam da companhia de seu mestre. Estando preparado para o fim, Sen no Rikyū conseguiu transmitir tudo que sabia e garantir a sobrevivência de sua arte.

Quando temos uma cerimônia do chá, ainda lembramos com tristeza a morte de Sen no Rikyū. Isso nos ajuda a compreender a tolice do poder, a crueldade do poderoso e a injustiça sofrida por esse homem gentil e sensível. Mas também refletimos sobre sua morte honrosa e a consciência com a qual ele abordou o fim de sua vida. É difícil não admirar a força mental e a coragem com que esse mestre do chá encarou seu fim.

Há pouco tempo, levei um peregrino ao cemitério de Sen no Rikyū. Estava tudo muito quieto e pacífico, mas eu não estava sozinha. Fui surpreendida ao ver algumas pessoas como eu, varrendo as folhas, limpando a sepultura dele, dedicando tempo para andar pelo cemitério e refletir. É maravilhoso que, mais de 400 anos depois, os praticantes da cerimônia do chá continuem gratos aos ensinamentos que ele deixou.

O funeral do meu pai

Em seus momentos finais, meu pai pensou ter ouvido vozes vindas da sala de estar de sua casa – as vozes de sua mãe (que morrera quando ele tinha apenas 5 anos de idade) e de seu irmão (que falecera havia alguns anos). Meu pai se sentou, quase como se estivesse se unindo a eles, e morreu.

De certo modo, os funerais japoneses parecem um pouco com a cerimônia do chá. Seguimos um conjunto de movimentos estabelecidos há séculos. A atmosfera é tensa e solene à medida que nos despedimos da pessoa que morreu, enquanto permanecemos na companhia dos que continuam vivos.

Minha filha, minha mãe, minha irmã e eu ajoelhamos ao lado do corpo do meu pai, que estava envolto em um tecido branco, com um véu branco cobrindo-lhe a face.

Minha mãe acendeu uma haste de incenso e pendurou um pequeno sino, que ecoou em meio ao silêncio. Após um instante, fiz o mesmo.

A luz do sol entrava pelas janelas de papel. A neve se acumulava do lado de fora. Suavemente, minha mãe disse ao meu pai que sua neta tinha vindo.

Meu pai, o homem austero que havia me transmitido tudo que eu sabia sobre a disciplina samurai.

Meu pai, que amava flores e, como a minha mãe, amava jardinagem. Ele sempre dizia: "Assim como as flores, as melhores coisas na vida são livres". E dizia também: "Um homem de flores não pode fazer mal". Muitas flores foram colocadas no caixão do meu pai.

Nós vimos os agentes funerários darem banho no meu pai. Minha filha, minha mãe, minha irmã e eu passamos uma toalha suavemente pela face dele e, então, nos afastamos um pouco para ver os profissionais trabalharem.

Nós o vestimos com meias *tabi* e luvas brancas, amarrando cada item aos tornozelos e punhos dele com um pequeno nó. Erguemos seu corpo, vestimos um quimono de seda branco e o colocamos no caixão.

Também colocamos um par de sandálias, uma bengala e um chapéu no caixão – para proteger sua cabeça da neve e a testa da sombra –, preparando-o para sua jornada final.

Depois da cremação, coube a nós, sua família, guardar seus restos mortais em uma urna. Minha filha, minha mãe, minha irmã e eu catamos cada pedaço de osso usando um par de pauzinhos. Minha filha, que até então nunca tinha estado em um funeral japonês, contou-me depois que sentira repulsa e, ao mesmo tempo, algo de sagrado.[61]

Na manhã seguinte ao funeral, minha filha me disse que foi acordada por um corvo que tinha pousado no telhado da casa dos meus pais. Ela ouviu mais dois corvos pousando no telhado em cima dela, gralhando alto em protesto ao visitante não anunciado. O corvo que tinha chegado voou de novo. Ela soube que era seu avô dizendo-lhe para acordar. Sua avó diria que o espírito do meu pai tinha decidido voltar para casa para proteger os que estavam nela. Eu duvido. Mas sei que, quando perdemos alguém, não devemos ficar surpresos se constatarmos que estamos sensíveis a coisas mais espirituais.

O que o morto come no café da manhã?

Quando alguém morre, quando se trata de honrar sua memória fazendo o que ele teria desejado fazer, podemos ter dificuldade para saber o que fazer. Com os vivos, podemos ouvi-los, ver a expressão na face deles e fazer o que pudermos para que eles se sintam melhores. Podemos tentar fazer uso do espírito do *chōwa* a cada encontro. Com o morto, estamos no escuro.

Eu gostaria de compartilhar uma breve passagem escrita por minha filha após a morte de meu pai. Ela chama seus avós *Ogii-chan* (avô) e *Obaachan* (avó), como fazemos no Japão:

"Entrei no quarto onde estava a caixa de restos mortais de *Ogii-chan*. Abri as persianas. A minha *Obaachan* acendeu uma vela e uma vara de incenso. Fiz o mesmo. Rezei. Ambas olhamos para a caixa de restos mortais. Ambas olhamos para ele. A minha *Obaachan* disse que eu tinha que trazer o café da manhã dele.
– O que se dá de café da manhã para um morto? – perguntei.
– Torradas – ela respondeu. – Porque era o que ele comia quando estava vivo.
Então, fui preparar algumas torradas e coloquei-as em um prato que deixei sobre a cornija. Olhei aquilo e ri. É estranho como temos que tratar alguém que já não está lá como se ainda estivesse.
Quando a minha tia acordou, veio até a sala de estar. Ao ver as torradas, perguntou-me de forma hesitante, porém incisivamente:
– Hum... por que há torradas sobre a cornija sagrada?
– É o café da manhã dele – expliquei.
– Você não tem que dar torradas para o morto! – respondeu ela.
– A *Obaachan* disse para eu dar café da manhã para ele.
Minha tia então abaixou a voz:
– Ele agora é 'espírito'. Você deve dar uma tigela de arroz branco para o espírito.
Dei de ombros.
– Bem, você terá que dizer isso para a *Obaachan*.
A minha tia então foi até a *Obaachan* explicar os prós e contras do que o morto precisava. Ouvi minha *Obaachan* berrar:
– Ele não precisa de arroz branco fresco!
Minha tia berrou de volta:
– É claro que precisa, ele é espírito!".[62]

Não há respostas certas quando se trata de luto. Passamos a vida buscando equilíbrio, tentando fazer a coisa mais generosa. Mas, quando se trata de perda, percebemos que não há nada que possamos fazer para amenizar a dor de perder alguém que amamos. Todos nós podemos ter ideias diferentes sobre a coisa mais adequada a ser feita nessa situação.

A perda nos une. Quando conheci os pais de crianças que morreram por causa do tsunami de 2011, pessoas que haviam perdido tudo, muitas delas estavam cheias de um desejo de serem o mais úteis que pudessem aos que continuavam vivos. Quando pergunto a alguns jovens com quem trabalho o que eles gostariam de fazer ou ser quando ficarem mais velhos, muitos respondem: "Quero encontrar formas de ajudar". Sempre que perco alguém que amo, ou ouço sobre a força que alguns conseguem tirar da perda, lembro-me do porquê pratico chōwa e do porquê faço o melhor que posso para viver em harmonia com quem está a minha volta.

Permita-se ser confortado. Quando perdemos alguém, pode ser difícil lembrar o que é estar com os vivos. Para nos preservar e aos outros do pior da dor, acabamos desligando a parte de nós que geralmente trabalha duro para viver com outras pessoas. Não há jeito certo nem errado de vivenciar o luto. Entretanto, quando estivermos prontos, nos permitir receber as gentilezas dos outros, compartilhar com eles um pouco de nossa dor, é uma parte importante do luto. Quando falamos sobre morte, nos permitimos, e também aos outros aprender com nossas experiências dolorosas. Quando somos consolados, também transmitimos lições importantes. Como na parábola dos dois peregrinos com a qual iniciei este livro, a parte mais importante de viver em harmonia com o outro é nos abrirmos tanto à dor quanto à alegria dele.

Lições do *chōwa*:
Valorizar cada encontro

Encontre um lugar calmo para sentar e passar alguns instantes, onde quer que você esteja, para contemplar os *zengo* a seguir:

行雲流水

kō-un-ryū-sui

"As nuvens fluem como a água"

和敬清寂

wa kei sei jyaku

"Harmonia, respeito, pureza, tranquilidade"

小欲知足

shōyoku, chi-soku

"Desejo pequeno, sábia suficiência"

一期一会

ichi-go, ichi-e

"Uma vez, um encontro"

No espírito do *chōwa*, por que não compartilhar alguns destes *zengo* com os outros? Se refletir sobre essas ideias lhe ajuda a encontrar equilíbrio, por que não ver se você pode ajudar outras pessoas a encontrar o delas?

EPÍLOGO

あとがき

ato-gaki

"Em um mês equilibrado,
o ar limpo, o vento suave,
o desabrochar das flores brancas de ameixeira,
o perfume de uma orquídea queima como incenso."
– *Man'yōshū*, Book 5[63]

Quando contei aos meus amigos e alunos que estava para completar 60 anos, embora todos se esforçassem para ser educados – "Akemi-sensei, você não parece ter 60 anos" –, continuaram olhando para mim um tanto sérios, como se uma grande tragédia tivesse ocorrido.

Quando disse a mesma coisa aos meus amigos japoneses, seus rostos se iluminaram. "Parabéns!", disseram. No Japão, chegar aos 60 anos é motivo de grande celebração. Lá, o ano calendário seguia tradicionalmente o sistema astrológico chinês, dividido em 12 anos (rato, raposa, tigre, coelho, dragão, cobra, cavalo, cabra, macaco, galo, cachorro e porco). No Japão, muitas pessoas ainda acreditam que, quando passamos pelos 12 anos do calendário cinco vezes – ou seja, 60 anos –, renascemos. É comum as pessoas tratarem a virada dos 60 anos como um momento de começar uma nova profissão, fazer uma peregrinação, viajar, para se reinventar.

Viver nossa vida com consciência do *chōwa* nos ensina que a busca por equilíbrio é uma busca ativa, na qual fazemos pequenas mudanças para nos equilibrar e aos nossos relacionamentos com as outras pessoas e com o mundo natural.

Você pode ter a sensação de que não há nada que possa fazer quanto a envelhecer. Aparecem rugas no rosto. Sentimos as dores de forma mais profunda. Nos preocupamos com o que vamos fazer com o restante de nossa vida e com o que deixaremos para trás.

Entretanto, precisamos nos lembrar de que, conforme envelhecemos, jamais paramos de aprender. *Crescemos em aceitação.* Este livro é sobre fazer o que pudermos para levar equilíbrio aonde pudermos, mas também sobre aceitar a harmonia natural do mundo: o modo como as coisas são. Temos que fazer bom uso de nossa vida, o que significa usar nossa energia com parcimônia. Quanto mais nos preocupamos com coisas pequenas e nos irritamos com as coisas triviais, menos energia temos para quando se faz necessário.

Existe a seguinte expressão em japonês: *shou-ga-nai* ou *shikatta-ga-nai*, cujo significado é "não tem jeito".

Não podemos mudar a natureza. Quando um terremoto acontece e mata centenas de pessoas, nós choramos por aqueles que perdemos. Também suspiramos e dizemos: *shou-ga-nai*. Isso, literalmente, não tem jeito.

É uma dura lição a aprender, mas algum sofrimento faz parte da vida. Não temos escolha a não ser suportá-lo, aceitá-lo e aprender com ele.

Nos tornamos mais destemidos. Quando eu era jovem e circulava por eventos ou reuniões de negócios, ouvia as pessoas, sobretudo os homens, murmurando: "O que ela está fazendo aqui?". Depois que meu primeiro casamento terminou, enquanto eu tentava fazer meu próprio caminho neste mundo, ouvi muitos comentários desse tipo. Quanto mais eu vivenciava esse tipo de desafio – à minha existência, às minhas opiniões, à minha voz –, mais endurecida tinha que me tornar diante da face de pessoas que queriam me manter fora do caminho, com a cabeça abaixada e silenciada para as coisas que eram importantes para mim. Agora, quando estou em um recinto usando um quimono mais sóbrio do que os que eu costumava escolher quando era jovem, as pessoas não me desprezam mais. As pessoas me olham nos olhos e veem que passei por muita coisa. Elas sabem que não tenho que provar nada a ninguém. Sabem que não tenho nada a temer.

Nos tornamos mais próximos uns dos outros. O *chōwa* nos ensina que trazer equilíbrio para a nossa vida, para as vidas de nossos familiares, da sociedade e do mundo natural requer uma busca ativa pela paz, uma determinação consciente de fazer nossa investigação e descobrir onde podemos acertar as coisas. Não devemos tratar a harmonia como algo passivo, mas como algo ativo. Do começo ao fim, temos que trabalhar com as outras pessoas.

Em japonês, o caractere para "pessoa" é escrito da seguinte forma:

人

hito

Você pode estar pensando que parece um ossinho da sorte ou a letra "n". Mas esse é o caractere que designa "pessoa". É muito simples. Apenas dois traços. Como um par de pernas. Esses dois traços simples, diferente do traço único da letra "I",⁶⁴ são, para mim, sugestivos de algo poderosamente *chōwa*.

Nenhum de nós está sozinho. Precisamos das pessoas – para ajudar, para encontrar nosso equilíbrio. Pessoas dependem umas das outras. A vida tem a ver com apreciar os outros, e encontrar o próprio equilíbrio tem a ver com ajudá-los a encontrar o deles.

Escrevo isso em minha casa, em um dia de primavera, em Londres. É o primeiro dia da nova era, a era de Reiwa. O nome de uma nova era é escolhido no Japão sempre que um novo imperador ascende ao trono. O nome da era é tirado de dois caracteres usados na passagem poética citada no início desta seção ("Em um mês equilibrado..."). Combinar os dois caracteres do poema produz a palavra "Reiwa". O nome da era nos traz uma mensagem de esperança, remontando à adorável imagem de flores desabrochando após um longo inverno. Pode ser traduzido como "a busca por harmonia". O nome dessa nova era nos encoraja – assim como espero que este livro encoraje você – no sentido de que não é hora de esperar, manter ou preservar o *chōwa*, e sim de persegui-lo ativamente: sair e encontrar o *chōwa* por conta própria.

É a primeira vez em mais de dois séculos que um imperador japonês abdica. Isso me parece simbólico: um homem de idade mais avançada, descendo do trono e pedindo ao filho para assumir seu manto. O imperador Naruhito e sua esposa, a imperatriz Masako, estudaram por um tempo na Inglaterra, e a filha deles, a princesa Aiko, também estudou na Inglaterra, onde fez um curso de verão de curta duração. Está claro que eles são bastante afeiçoados pelo país que hoje chamo de minha casa. Isso me deixa esperançosa de que o espírito de parceria harmoniosa continuará entre ambas as partes da minha vida, através desses dois países, entre as nações em si, bem como entre o Japão e o mundo todo.

Escrevo isso em um momento em que a minha instituição assistencial está prestes a entrar em uma nova fase – ajudar as vítimas do tsunami de formas mais cotidianas, fazendo o que for possível pela região como um todo, além de continuar ajudando os jovens com quem começamos a trabalhar em 2011 a se desenvolverem e prosperarem.

Escrevo isso faltando apenas alguns meses para o meu casamento com Richard, meu companheiro. Aguardamos ansiosos pelo nosso casamento, nossa lua de mel em Boston e uma peregrinação que deverá acontecer mais adiante pela trilha de Kumano Kodo, nas profundezas da floresta de Wakayama.

É graças a ele que estou escrevendo este livro. Quanto mais eu lhe falava sobre a cultura japonesa, mais ele me incentivava: "Você realmente deveria escrever algo a respeito disso".

Como a sorte. Como o destino. Como o amor. Fazemos a nossa harmonia.

AGRADECIMENTOS

Eu gostaria de agradecer à minha maravilhosa agente, Laetitia Rutherford.

Também quero agradecer à minha editora na Headline Books, Anna Steadman, por sua ajuda e suporte, bem como a toda a equipe da Headline.

Quero agradecer ainda ao meu esposo, Richard Pennington, e à minha filha, Rimika Solloway, sem os quais este livro não teria sido possível.

REFERÊNCIAS

CHIBA, Fumiko. *Kakeibo: the Japanese Art of Budgeting & Saving Money.* [S.l.]: Penguin, 2017.

CLIFFE, Sheila. *The Social Life of Kimono: japanese fashion past and present.* [S.l.]: Bloomsbury, 2017.

CUMMINGS, Alan. *Haiku: love.* [S.l.]: Overlook Press, 2014.

DOWER, John W. *War without Mercy: race and power in the Pacific war.* Illustrated edition. New York, United States of America: Phantheon Books, 1986.

DOWER, John W. *Embracing Defeat: japan in the Wake of World War II.* Illustrated edition. Fifth Avenue, New York: W. W. Norton & Company, 2000.

KEMPTON, Beth. *Wabi Sabi: Sabedoria japonesa para uma vida perfeitamente.* Portugal: Nascente, 2019.

KONDO, Marie. *A mágica da arrumação: a arte japonesa de colocar ordem na sua casa e na sua vida*. Rio de Janeiro: Sextante, 2015.

LLOYD PARRY, Richard. *Ghosts of the Tsunami: death and Life in Japan*. [S.l.]: Jonathan Cape, 2017.

NITOBE, Inazō. *Bushido: alma de Samurai*. [S.l.]: Tahyu, 2005.

REBICK, Marcus; TAKENAKA, Ayumi. *The Changing Japanese Family*. United Kingdom: Routledge, 2006.

ROSENBERGER, Nancy R. *Japanese Sense of Self*. [S.l.]: Cambridge University Press, 1992.

SASAKI, Fumio. *Adeus, Coisas: como encontrar a felicidade tendo apenas o essencial*. Portugal: Nascente, 2017.

SHIKUBU, Murasaki. *The Tale of Genji: translated by Royall Tyler*. [S.l.]: Penguin Classics, 2003.

SHÔNAGON, Sei. *O livro do travesseiro*. 2. ed. São Paulo/SP: Editora 34, 2013.

STANLEY-BAKER, Joan. *Japanese Art*. 3. ed. Londres, United Kingdom: Thames & Hudson Ltd, 2014.

TANIZAKI, Junichiro. *Elogio da sombra*. [S.l.]: Relógio D'Água, 2008.

TOBIN, Joseph. *Japanese Sense of Self*. United Kingdom: Cambridge University Press, 1992.

TSUNODA, Ryusaku; GOODRICH, L. Carrington. *Japan in the Chinese Dynastic Histories: Later Han Through Ming Dynasties*. Reino Unido, South Pasadena: P.D. and Ione Perkins, 1992.

ZARASKA, Marta. *Meathooked: The History and Science of Our 2.5-Million-Year Obsession with Meat*. [S.l.]: Basic Books, 2016.

Filmes

AKAHAMA Rock'n Roll. Direção: Haruko Konishi. Produção: Haruko Konishi, Takaharu Yasuoka. Fotografia de Furuto Hidehiko, Konishi Haruko. Japão: Uzumasa Corporation, 2015. HDCAM, Blu-ray, avi.

A PARTIDA. Direção: Yôjirô Takita. Produção: Toshiaki Nakazawa, Ichiro Nobukuni, Toshihisa Watai. Roteiro: Kundô Koyama. Fotografia de Takeshi Hamada. Japão: Paris Filmes (Brasil), 2008.

JAPAN'S Secret Shame. Direção: Erica Jenkin. Produção: Erica Jenkin. [S.l.]: True Vision, 2018.

MINHA bela dama. Direção: George Cuko. Roteiro: Alan Jay Lerner. Estados Unidos: Warner Bros. Pictures, 1964. Disponível em: Netflix. Acesso em: 6 ago. 2021.

PRINCESA Mononoke. Direção: Hayao Miyazaki. Produção: Toshio Suzuki. Roteiro: Hayao Miyazaki. Fotografia de Furuto Hidehiko, Konishi Haruko. Japão: Toho, 1997. Disponível em: Netflix. Acesso em: 6 ago. 2021.

SHICHININ No Samurai (The Seven Samurai). Direção: Akira Kurosawa. Produção: Sōjirō Motoki. Roteiro: Akira Kurosawa, Shinobu Hashimoto, Hideo Oguni. Japão: Toho, 1954.

Fontes japonesas

Bashō, Matsuo (1947), *Basho haiku zensh*. Zenkoku Shob.
Ishikawa, Eisuke (2000), O-edo ekoraji jijo. Kodansha.

Sasaki, Nobutsuna (ed.) (1953), Nihon koten zensho. Asahi Shimbunshya.

Sasaki, Nobutsuna (ed.) (1946), Nishi Honganji-bon Man'yōshū. Tokyo Shobo Koten Bunko. At: http://jti.lib.virginia.edu/japanese/manyoshu/index.html.

Sasama, Yoshihiko (1995), Fukugen edo seikatsu zukan. Kashiwa Shob.

Shōtoku, Taishi (604), Jūshichijo kenpo. At: https://zh.wikisource.org/zh. English text available at: http://www.duhaime.org.

HOMENAGEM A AKEMI TANAKA

"No Japão, quando completamos 60 anos, renascemos." Assim nos disse Akemi Tanaka em 2019, quando ela não só comemorou seu 60º aniversário, mas também se casou e publicou o livro *O poder do chōwa*. Com seu senso de travessura e amor ao riso combinados à atitude e ao esplendor que sem dúvida apoiavam-se em anos de sabedoria samurai, era fácil crer nisso. Foi um choque terrível e uma grande tristeza descobrir, no início de 2021, que ela tinha câncer. Sua condição declinou rapidamente e ela morreu no dia 31 de maio do mesmo ano, uma segunda-feira.

Akemi Tanaka nasceu em uma família japonesa de tradição samurai. Ela cresceu aprendendo as artes marciais e práticas de sua cultura, desde a preparação do chá até o quimono. Sua aparência era refinada por conceitos como o código de ética *Bushidō*, e pela visão de mundo através das lentes do *wabi-sabi*, uma filosofia influenciada pelo Zen Budismo denotando a beleza infundida no mistério e na melancolia por sua impermanência. Embora Akemi tenha sido educada nos meticulosos padrões da etiqueta japonesa, ela também era altamente independente e determinada a buscar caminhos para adaptar essas ideias de modo que se tornassem convenientes a uma mulher moderna como ela. Seu primeiro casamento com um jovem médico da alta sociedade japonesa acabou em divórcio. Mais tarde, quando ela se casou com um inglês no Japão, as autoridades a princípio se negaram a realizar a cerimônia, mas o casal se impôs acionando a Embaixada Britânica.

Akemi foi para a Inglaterra como mãe solteira de sua filha, Rimika, e se estabeleceu como palestrante sobre o idioma e a cultura japonesa, consultora e comentarista cultural, realizando a cerimônia do chá e demonstrações de quimono em uma ampla variedade de eventos. Em 2011, quando ocorreu o terremoto de Tōhoku e o tsunami, ela fundou a Aid For Japan para ajudar a cuidar dos órfãos do desastre. Em seus últimos anos de vida, Akemi também dedicou seu tempo a uma campanha em prol das vítimas de estupro no Japão. Ela estava profundamente interessada em quebrar os tabus em torno dessa questão.

O livro de Akemi foi publicado pela Headline Home em 2019 e pela Harper Design US em 2020, tendo sido traduzido para nove idiomas. Naquele ano, ela quebrou o braço e não conseguia enrolar seu quimono nem prender o cabelo. Isso me deu a feliz oportunidade de viajar com ela para a Espanha em uma turnê de publicidade. Ela encantou os jornalistas – sua anedota sobre a recatada dama japonesa que não era indefesa, com uma lâmina costurada em seu leque, foi particularmente a favorita.

O legado de Akemi reside, em parte, neste belo e esclarecedor livro. Ela permanece viva em sua filha Rimika e em seu esposo Richard.

Notas

Todos os sites foram acessados em 1º de julho de 2021.

Introdução

1   *My Fair Lady* é uma versão musical da peça teatral intitulada *Pygmalion*, de George Bernard Shaw. Foi ecrita por Lerner e Loewe, e apresentada na Broadway em 1956, com Rex Harrison no papel do Professor Higgins e Julie Andrews como Eliza Doolittle. (Fonte: https://www.oxfordlearnersdictionaries.com/definition/english/my-fair-lady. Acesso em: 20 abr. de 2021). (N.T)

2   Ver Nitobe, p. 56, a passagem que inspirou a minha parábola.

3   Muitas de minhas traduções do japonês para o inglês foram feitas com auxílio de meu confiável dicionário eletrônico, um Casio Ex-Word Dataplus 8, consultando o site *open-source* <https://jisho.org> (*jisho* significa "dicionário", em japonês), ou via o aplicativo japonês para iPhone (versão 4.5) da Renzo Inc.

4   O nome de uma nova era é escolhido para marcar a ascensão de cada novo imperador ao *Chrysanthemum Throne*. Os nomes das eras japonesas, assim como os anos do calendário ocidental, são

usados em documentos oficiais, calendários, moedas e cédulas bancárias. Por exemplo, 2019 também é referido no Japão como Reiwa 1.

5   Mari Yamaguchi. New Japan era to be called "Reiwa," or pursuing Harmony. *Associated Press*, 2019. Disponível em: https://www.apnews.com/bfb2106efca04461a1dd17675a85f18f.

6   As traduções inglesas desses relatos são de Tsunoda e Goodrich, 1951, p. 8-16.

7   A constituição de 17 artigos (*jūshichijō kenpō*) foi escrita em chinês clássico e, de acordo com o *The chronicles of Japan* (Nihon Shoki), seu autor foi o príncipe Shōtoku, no ano 604.

Capítulo 1 • Portas que se abrem

8   O texto em japonês desse *haiku* foi extraído de *The complete japanese classics* (1953). A tradução para o inglês foi feita pela autora.

9   Para saber mais sobre a história e filosofia do *wabi-sabi*, veja Kempton, 2018.

10 Tanizaki, 2001, p. 4.

11 Esta meditação é inspirada pela série de meditações on-line de Taigen Shodo Harada Roshi, o abade do monastério Sogenji, em Okayama. Um vídeo completo de sua breve introdução à meditação zen está disponível em: https://www.youtube.com/watch?v=LL2XUTeoUsM.

12 A rigor, os painéis que dividem os recintos são chamados *fusuma*. Os *shōji*, que são usados nas casas japonesas tradicionais como janelas e portas para o exterior ou para um corredor, são feitos de papel de arroz fino branco, geralmente com um padrão em grade.

Os *fusuma* são feitos com um papel opaco mais grosso. São usados para dividir recintos e como portas de armários.

13 Ver também Kondo, 2014.

14 Embora servir "ao espírito do banheiro", neste sentido, seja uma crença popular no Japão, ganhou ainda mais popularidade com uma canção de Kana Uemura, "Toilet no Kamisama" ("o espírito do banheiro"), lançada em 14 de julho de 2010 pela King Records e escrito por Kana Uemura e Hiroshi Yamada.

15 Existem vários artigos sobre as raízes xintoístas de Marie Kondo. Veja, por exemplo: https://www.bustle.com/p/how-shinto-influencedmarie-kondos-konmari-method-of-organizing-15861445.

Capítulo 2 • Faça a sua parte

16 Para saber mais sobre *ji-bun*, bem como sobre o sentido japonês do "eu" em geral, veja Rosenberger, 1992.

Capítulo 3 • Equilibrar a carteira

17 Este é o site japonês de *kakeibo* no site da revista Housewife's Friend, que continua se fortalecendo: https://www.fujinnotomo.co.jp/other/kakeibo (em japonês). Entre os livros em inglês sobre como manter um *kakeibo* está o de Chiba, 2017.

18 Ver também: <https://www.bustle.com/p/what-is-kakeibo-i-tried-thejapanese-budgeting-system-to-help-manage-my-finances-hereswhat-happened-15909335>;<https://www.stylist.co.uk/books/

how-to-save-money-kakeibo-japan-career-work-cash/174560; e https://monininja.com/kakeibo-art-saving/>.

19 Ver também Sasaki, 2017.

Capítulo 4 • Encontre seu estilo

20 Texto em japonês extraído de Bashō (1947). A tradução do japonês para o inglês pertence à autora.

21 Para mais informação, veja "The surprising history of the kimono", em https://daily.jstor.org/the-surprising-history-of-thekimono/ e Cliffe, 2017.

22 Assista a "The Global Impact of Japanese Fashion", com Patricia Mears, Miki Higasa e Masafumi Monden, moderada por Karin Oen; uma palestra ministrada no Asian Art Museum em 21 de março de 2019. Disponível em: https://www.youtube.com/watch?v=kBOeadfaIcw.

23 Para mais conteúdo em inglês sobre vestir-se de acordo com a estação do ano, acesse http://www.berberoostenbrug.com/kimono-seasons/.

24 Stanley-Baker, 2014.

25 Para mais conteúdo em inglês sobre a revista Tsurotokame, veja Grace Wang, Tsurutokame is a fashion magazine for sênior citizens in Japan. Disponível em: https://www.stackmagazines.com/photography/tsurutokame-fashion-magazine-senior-citizensjapan/

26 Referência a um filme que no Brasil foi lançado com o nome *Amor por contrato*.

Capítulo 5 • Ouvir os outros e conhecer a nós mesmos

27 Para saber mais sobre o uso da consciência para responder com generosidade ao mundo e aos outros, assista a esses vídeos de Chris Cullen: Compassion (Parte 1): https://vimeo.com/25622139 e Compassion (Parte 2): https://vimeo.com/25642710.

Capítulo 6 • Aprender a aprender, e ensinar nossos mestres

28 Ver também Tobin, 1999.
29 "The elderly education in Japan", The International Longevity Center, Japão, 7 de junho de 2010. Disponível em: http://www.ilcjapan.org/interchangeE/doc/overview_education_1007.pdf.

Capítulo 7 • Trazer equilíbrio para o modo como trabalhamos

30 Para mais informações sobre o *chōwa* no mundo dos negócios, leia o artigo de Hideki Omiya, presidente da Mitsubishi Heavy Industries, publicado na *Quartz Magazine* (2018). "An ancient Japanese idea can teach 21st century businesses about harmonious partnerships". Disponível em: https://qz.com/1186023/<i>chōwa-an-ancient-japaneseidea--can-teach-21st-century-businesses-about-harmonious-partnerships/.

31 Para mais informações sobre o programa Calisthenics da Radio NHK, veja https://www3.nhk.or.jp/nhkworld/en/tv/japanologyplus/program-20180904.html.

32 Fonte: Tamar Herman, "Member of J-Pop girl group NGT48 apologizes for discussing assault". 10 de janeiro de 2019. Disponível em: https://www.billboard.com/articles/news/international/8518260/day6-2019-gravity-world-tour-north-american-dates.

33 Acesse o site #WeToo Japan para mais informações (só em japonês): https://we-too.jp/.

34 Também existe um grupo que ajuda Shiori Ito e aqueles que enfrentam provações semelhantes no Japão, em https://www.opentheblackbox.jp.

35 Ver Philip Brasor, Japan struggles to overcome its groping problem. *The Japan Times*, 2018. Disponível em: https://www.japantimes.co.jp/news/2018/03/17/national/media-national/japanstruggles-overcome-groping-problem/.

36 Ver Justin McCurry, Tokyo medical school admits changing results to exclude women. *The Guardian*, 2018. Disponível em: https://www.theguardian.com/world/2018/aug/08/tokyo-medicalschool-admits-changing-results-to-exclude-women.

37 Fonte: https://www.aljazeera.com/indepth/opinion/japansecret-shame-180726113617684.html.

38 A primeira ministra da Nova Zelândia, Jacinda Ardern, manifestou seu apoio ao #WeToo. Ver "MeToo must become WeToo" *The Guardian*, 28 de novembro de 2018. Disponível em: https://www.theguardian.com/politics/2018/sep/28/we-are-not-isolated-jacinda-ardernsmaiden-speech-to-the-un-rebuts-trump.

Capítulo 8 • Alcançar mudanças maiores

39 Últimas palavras do guerreiro-poeta Ōta Dōkan (extraídas do Nitobe's Bushidō, p. 33).

40 Ver Dower, 1986, p. 198.

41 Para mais informação, ver http://theburmacampaignsociety.org/.

42 Para saber mais sobre o tsunami, o terremoto e o que aconteceu depois, veja Lloyd Parry, 2017.

43 Fundei a Aid For Japan em 2011, para apoiar os órfãos do tsunami. A curto prazo, a instituição assistencial apoia essas crianças e seus cuidadores, enquanto eles reconstroem suas vidas. Nosso objetivo de longo prazo é cuidar dos órfãos por meio de uma série de iniciativas e programas de apoio. Para obter mais informação e descobrir como participar, veja http://www.aidforjapan.co.uk/.

Capítulo 9 • Harmonia dos alimentos

44 Veja aqui a explicação da Unesco do motivo pelo qual a comida japonesa ou a *washoku* recebeu o *status* de Patrimônio da Humanidade: https://ich.unesco.org/en/RL/washoku-traditional-dietary-cultures-of-thejapanese-notably-for-the-celebration-of-new-year-00869.

45 Ver também https://www.cordonbleu.edu/news/how-to-balancethe-five-flavours/en.

46 O website do restaurante é http://kikunoi.jp.

47 Ver também Risa Sekiguchi, The power of five. Disponível em: https://www.savoryjapan.com/learn/culture/power.of.five.html.

48 Ver https://savorjapan.com/contents/more-to-savor/shojinryori-japans-sophisticated-buddhist-cuisine/.

49 Ver *How Japan went from being an almost entirely vegetarian country to a huge consumer of meat*, an excerpt from Zaraska, 2016. Disponível em: https://www.businessinsider.de/how-japan-becamehooked-on-meat-20163?r=US&IR=T.

50 Ver Tatiana Gadda e Alexandros Gasparatos, Tokyo drifts from seafood to meat eating. 9 de outubro de 2010. Disponível em: https://ourworld.unu.edu/en/tokyo-drifts-from-seafood-to-meat-eating. Ver também Kristi Allen, Why eating meat was banned in Japan for centuries. 26 de abril de 2019. Disponível em: https://www.atlasobscura.com/articles/japanmeat-ban.

Capítulo 10 • Encontrar o equilíbrio na natureza

51 Do Studio Ghibki, o filme *Princess Mononoke* (versão em inglês) (2000).

52 As imagens em *Fukugen edo seikatsu zukan* (Kashiwa Shobo, 1995) me inspiraram a narrar essa cena imaginária da antiga Edo.

53 Estimativas sugerem que, embora as companhias de tecnologia fossem responsáveis por 1% das emissões de carbono globais no ano 2007, a projeção para esse cenário é que sofra um aumento de 14% em 2040. Fonte: Lotfi Belkhir e Ahmed Elmeligi, Assessing ICT global emissions footprint: Trends to 2040 & recommendations. *Journal of Cleaner Production*, 177, 2018, p. 448-463.

54 Ver *Akahama Rock'n Roll*.

55 Para inspiração, ver *The Pillow Book*, de Sei Shonagon, um livro de observações feitas por uma dama japonesa na corte do século I. Suas listas incluem "coisas belas", "flores de árvores" e "coisas odiosas".

56 Para saber mais sobre *samp-yoshi* e as lições de Edo do Japão moderno sobre uma vida mais sustentável, veja Junko Edahiro Toward a sustainable society – learning from Japan's Edo period and contributing from Asia to the world. 2017. Disponível em: https://www.ishes.org/en/aboutus/biography/writings/2017/writings_id002388.html.

Capítulo 11 • Compartilhar um amor duradouro

57 Para saber mais sobre *haikus* de amor, recomendo o livro de Alan Cummings, *Haiku love*, que contém poemas do período de 1600 até os dias de hoje. É lindamente ilustrado com imagens da coleção de pinturas e imagens impressas japonesas do British Museum.

58 Para encontros *on-line*, recomendo o "Guardian Soulmates" (https://soulmates.theguardian.com/).

Capítulo 12 • Valorize cada encontro

59 Para explicações adicionais sobre tudo que diz respeito à cerimônia do chá japonesa, acesse o site Chanoyu, em http://www.chanoyu.com/WaKeiSeiJaku.html.

60 Para uma explicação simplificada de como conduzir uma cerimônia do chá japonesa em sua casa, acesse o website Teaologists,

em https://teaologists.co.uk/blogs/teaologists-health-habit-blog/how-torun-a-japanese-tea-ceremony-at-home-the-steps.

61 Para saber mais sobre procedimentos funerais japoneses, e para acessar uma perspectiva aprofundada e por vezes cômica sobre o fim da vida, veja cenas de partidas de filmes japoneses.

62 Esta passagem escrita por minha filha Rimika Solloway foi editada e reproduzida com a permissão dela. Você pode encontrar mais escritos dela em seu blog: http://alackthere.blogspot.com/search.

Epílogo

63 O texto japonês foi extraído de Nishi Honganji-bon, Man'yōshuō, Book 5. O texto japonês está disponível em: http://jti.lib.virginia.edu/japanese/manyoshu/index.html. Uma tradução inglesa de Man'yōshū está disponível em: https://archive.org/details/Manyoshu.

64 A autora se refere à letra I, "eu" em inglês.

Compartilhando propósitos e conectando pessoas

Visite nosso site e fique por dentro dos nossos lançamentos:
www.novoseculo.com.br

- facebook/novoseculoeditora
- @novoseculoeditora
- @NovoSeculo
- novo século editora

Edição: 1
Fonte: ITC Galliard

gruponovoseculo.com.br